AUX
FJORDS DE NORVÈGE

ET AUX

FORÊTS DE SUÈDE

Coulommiers. — Imp. PAUL BRODARD. — 597-98.

L'église de Borgund. Dessin de Boudier.

AUX
FJORDS DE NORVÈGE

ET AUX
FORÊTS DE SUÈDE

OUVRAGE CONTENANT
QUARANTE-HUIT ILLUSTRATIONS
ET QUATRE CARTES

PARIS
LIBRAIRIE HACHETTE ET Cie

79, BOULEVARD SAINT-GERMAIN, 79

—

1898

AUX
FJORDS DE NORVÈGE

ET AUX

FORÊTS DE SUÈDE

CHAPITRE I

LA CÔTE DE NORVÈGE

Kristiansand. — Kristiania. — Littérature et politique.

Eⁿ vue de la côte de Norvège.... Un temps blanc;
une mer mate ensommeillée dans une chaleur
lourde; telle une nappe de mercure. Au bout de
l'horizon embué, une raie mauve incertaine. Une sensation de serre chaude !

Quelques heures plus tard.... Dans le lointain floconneux la raie mauve s'allonge, grandit, se précise et se
lève en une falaise âpre et sauvage de montagnes
rugueuses. En avant, des rondeurs grises de pierres
polies tachent la paleur de l'eau, d'abord isolées et
espacées, puis rapprochées et serrées les unes contre
les autres, d'abord des « cailloux » et plus loin des îles.

Un émiettement de terres et un labyrinthe d'eaux ; un paysage extraordinaire, comme je n'en ai vu nulle part ailleurs.

.... Entre des chaussées de rochers le vapeur suit une large passe. A mesure que nous avançons, l'archipel devient plus compact ; en même temps derrière ces rangées d'îles s'efface l'horizon de la pleine mer. On a l'impression de naviguer au milieu des terres, tantôt sur un lac, tantôt sur un fleuve. Une nappe riante de soleil s'épanouit et dans un cadre de verdure fraîche et délicate apparaît Kristiansand, une pittoresque marine fermée par un arrière-plan de montagnes bleues.

Je débarque. Rien que des bâtisses modernes, plates et bêtes, alignées au cordeau ; pas le moindre monument.

Détruit presque complètement par un incendie, il y a cinq ans, Kristiansand est encore, c'est le cas de le dire, tout flambant neuf. La plupart des villes de Norvège comptent dans leur histoire plusieurs catastrophes de ce genre. Le feu épargne ainsi aux propriétaires les dépenses des grosses réparations ; pendant la durée d'une maison en bois toujours un bienfaisant incendie se produit et l'indemnité payée par les compagnies d'assurances permet d'édifier à la place de la vieille masure une habitation neuve. Aujourd'hui la construction en pierres prend d'année en année une importance plus considérable ; par suite le métier de propriétaire devient plus ingrat.

Kristiansand est bâti au débouché du Sætersdal, une longue vallée qui pénètre au cœur des montagnes. Situé dans un coin écarté de la péninsule, à l'abri de l'influence niveleuse de la civilisation, ce pays a conservé mieux que toutes les autres

Kristiania. Le Carl Johans Gade et le Palais Royal. Dessin de Gotorbe.

régions de la Norvège la fidélité aux vieilles traditions et l'usage des anciens costumes. En me promenant dans les rues de Kristiansand j'ai justement la chance de rencontrer un indigène du Sætersdal. Ce brave homme est affublé d'un véritable costume de clown qui réalise la plus extravagante caricature. Un ample pantalon lui monte jusqu'aux omoplates et sa veste est large de quelques centimètres tout au plus!

.... Le paquebot qui m'a amené d'Hambourg poursuit sa course vers le nord, vers Vadsö, tout là-bas, à l'extrémité de la Laponie, et, pour me rendre à Kristiania je prends passage à bord d'un joli petit vapeur tout blanc, le cygne de Lohengrin.

Le navire fait route à travers l'archipel côtier et partout se déroule un paysage extraordinaire. Dans toutes les directions la mer pénètre au milieu des terres en longs replis sinueux et la terre avance au milieu de la mer, morcelée et effritée; un continent rongé par les vagues, en train de disparaître sous les flots! Mieux que toute description, une rapide explication topographique fera percevoir l'aspect étrange de ce pays. Pour cela, regardez une carte de Norvège, du cap Nord au Lindesnæs et du Lindesnæs à la Suède, vous voyez le littoral coupé d'incisions comme le rebord d'une table d'école sur laquelle plusieurs générations d'élèves ont essayé la lame de leurs couteaux et toutes sont creusées dans l'épaisseur de hautes montagnes. De plus, sur le pourtour entier des côtes, vous remarquez des centaines, voire des milliers de petits points noirs aussi rapprochés les uns des autres que les taches d'encre sur un vieux papier buvard maculé. Les incisions représentent les fjords et les points noirs les îles du cordon littoral, du *skjærgaard*. Jugez par suite de la variété du paysage marin en Norvège.

A part celui de Kristiania, les fjords du Skagerak n'atteignent pas une très grande longueur. Les plus importants s'ouvrent sur la côte occidentale, tels le Hardangerfjord, le Sognefjord qui pénètre à 180 kilomètres dans l'intérieur des terres, le Nordfjord, le fjord de Throndhjem (135 kil.).

L'origine de ces baies singulières a tout naturellement excité la sagacité des géologues, mais jusqu'ici sans résultat satisfaisant. Leur genèse a été étudiée par les naturalistes les plus compétents; en dépit des travaux les plus consciencieux, pour cette question comme pour beaucoup d'autres, la nature garde son secret.

Tout d'abord remarquons que la formation fjordienne, loin d'être spéciale à la Norvège, est générale sur les terres circumpolaires et boréales. Les côtes du Grönland sont frangées de longues baies étroites, aussi étendues que celles de la Scandinavie; au Spitzberg, comme à la Nouvelle-Zemble, en Islande, en Écosse, à Terre-Neuve, dans l'Alaska, etc., les fjords atteignent également un développement considérable. Partout, en Scandinavie, au Grönland, exception faite toutefois pour le fjord François-Joseph, au Spitzberg, etc., ces goulets offrent cette particularité curieuse d'atteindre leur plus grande longueur sur les côtes tournées vers l'ouest.

Pendant la période quaternaire les terres boréales et circumpolaires ont été recouvertes de puissantes carapaces de glace; aujourd'hui encore, quelques-unes de ces régions ont conservé un revêtement cristallin, image de cet âge passé de la terre. Une relation semble donc exister entre la formation des fjords et le phénomène de la glaciation. De nombreux géologues ont été ainsi amenés à regarder les glaciers quaternaires comme les agents de creusement de ces bassins maritimes. D'après ces naturalistes, la glace aurait une puissance d'érosion considérable; elle agirait comme un excavateur et attaquerait la roche en place. Cette théorie, purement spéculative, n'a point été jusqu'ici vérifiée par l'observation. On a vu des glaciers affouiller le sol formé par des matériaux meubles ou par des roches friables telles que le basalte, mais jamais on n'a constaté qu'ils arrachassent des quartiers aux roches en place dures, comme les gneiss ou les granits qui constituent une grande partie de la Norvège ou du Grönland, ainsi que le raconte un ultra-glaciériste.

Devant l'évidence des faits, les partisans intransigeants de l'érosion glaciaire ont modifié ingénieusement leurs théories. Les torrents issus des glaciers charrient une quantité considérable de sédiments. Ainsi une rivière [1] alimentée par l'*inlandsis* [2] du Grönland dépose chaque jour à son embouchure une masse de limon évaluée à 4 milliards de kilogrammes; d'après le professeur norvégien Helland, les torrents sortis du Vatnajökull, le plus grand glacier de l'Islande, rejettent annuellement 40 millions de tonnes de particules minérales [3]. Toute cette énorme quantité de sédiments est enlevée par la friction de la glace aux

1. L'Isortok.
2. *Inlandsis* en suédois, *indlandsis* en danois et norvégien. Nom sous lequel les géologues scandinaves désignent les carapaces glaciaires des régions boréales et arctiques. La forme suédoise de ce vocable a aujourd'hui passé dans la langue scientifique française.
3. A. Helland, *Om Islands Jökler*, in *Archiv for Mathematik og Naturvidenskab*, vol. VII, 2, Kristiania, 1882.

rochers sur lesquels elle s'écoule, disent les géologues qui attribuent aux glaciers l'origine des fjords. « Vous voyez donc, ajoutent-ils, que les glaciers ont une énorme puissance d'érosion et qu'ils ont dû à la longue se creuser des lits profonds et former ces baies pittoresques qui font aujourd'hui notre admiration. » Ce raisonnement très ingénieux repose sur une pétition de principe. Il suppose que les matériaux rejetés par les torrents proviennent tous de l'érosion du sol, or c'est précisément ce qu'il faut démontrer. Bien au contraire, l'observation prouve qu'une très grande partie de ces alluvions a une autre origine. Une notable quantité dérive des dépôts de poussières formés par les vents sur les glaciers. Au Grönland, jusqu'à une distance de 150 kilomètres dans l'intérieur, M. Nordenskiöld a trouvé la surface de l'*inlandsis* couverte d'un sédiment éolien. En Islande, le Vatnajökull est saupoudré de sables et de cendres transportés par les tempêtes ou projetés par les éruptions volcaniques qui se produisent au milieu de cette coupole glaciaire. Multiples sont les exemples de ce phénomène. Ces graviers, situés sur le glacier ou inclus dans sa masse, sont mis en liberté par la fusion de la glace et entraînés ensuite par les torrents. Une partie des sédiments charriés par ces rivières provient enfin de la trituration de la moraine de fond et du ravinement du sol par les cours d'eau souvent considérables qui coulent sous la nappe cristalline. En résumé, la plus grande partie du limon glaciaire n'est pas le produit de la friction de la glace contre le sous-sol rocheux ; seulement une très faible quantité de ces alluvions provient de cette source,

Qu'une nappe de glace en mouvement émousse les rochers sur lesquels elle se meut, les polit, les lime, sur ce point tout le monde est d'accord, mais jusqu'au jour où un géologue aura recueilli des observations directes et précises, nous nous refusons à considérer les glaciers comme des excavateurs et comme les agents uniques de la formation des fjords.

Sans aucun doute, ces baies sont antérieures à la période quaternaire. La Norvège, constituée par des roches primitives et paléozoïques, faisait partie, aux âges les plus reculés de notre planète, d'un vaste continent qui comprenait l'Écosse, les Shetland et une portion de l'Irlande et du Pays de Galles. Depuis, une notable étendue de ces terres s'est affaissée et dans ce mouvement les vallées, antérieurement formées par des dislocations et des affaissements du sol, ont été transformées en fjords. Les glaciers quaternaires, en remplissant ces dépressions préexistantes, les ont nettoyées des matériaux qui les encombraient, ont poli leurs escarpements, et établi leur profil actuel. D'après les études de M. Brögger sur le fjord de Kristiania, les premiers linéaments de ce long goulet ont été tracés par des failles, ultérieurement modifiées par de puissantes érosions antérieures à l'époque tertiaire. Plus tard enfouis pendant une longue période sous un épais revêtement de glace, les fjords ont été soustraits aux actions de la dynamique externe, et grâce à cette protection ont été conservés jusqu'à notre époque pour ainsi dire intacts. Ainsi donc, dans le creusement de ces baies qui font aujourd'hui notre étonnement par l'étrangeté de leurs aspects, les glaciers n'ont eu qu'un rôle secondaire.

.... A bord du paquebot de Kristiansand je retrouve presque tous les voyageurs venus avec moi de Hambourg.

Dans la cohue banale des passagers se distingue

un groupe de jeunes Norvégiennes. Elles reviennent
de Paris et de Berlin où elles sont allées, les unes
apprendre les langues, les autres simplement à la
recherche de distractions. En Norvège, pour les filles
comme pour les garçons, un séjour à l'étranger est
considéré comme le complément de l'éducation. Chez
soi, on apprend le métier; l'étude de ce même métier
dans un autre milieu peut seule éveiller la critique et
susciter le progrès.

Aucune de ces passagères n'est escortée d'un cha-
peron, pas même une gamine de quinze ans. Cette
fillette arrive de Magdebourg et retourne dans sa
famille, à Hammerfest, à l'autre bout de la Norvège,
tout près du cap Nord. Un trajet de sept cents lieues!
Une de ces jolies voyageuses me raconte que sa sœur
vient de partir pour la Nouvelle-Zélande où elle va re-
trouver des parents. Et cela lui semble la chose la plus
simple du monde, une excursion de Paris à Versailles.

La jeune Norvégienne jouit d'une liberté américaine. Partout elle peut aller seule, à la ville comme
à la campagne, dans le monde comme dans la rue, en
partie de plaisir comme en voyage, toujours gardée
par le sentiment de sa dignité et par le respect qu'elle
inspire. Cette indépendance nous est un sujet d'étonnement d'autant plus grand que garçons et filles
vivent intimement mêlés. L'éducation comme les
mœurs, bien loin de séparer la jeunesse en deux
classes fermées l'une à l'autre, la réunit. Entre les
deux sexes règne une franche et cordiale camara-
derie, toujours tempérée par les égards dus à la
femme. Les usages autorisent même la jeune fille à
accepter des invitations offertes par un jeune homme
et sans choquer les convenances l'hiver elle patine
et l'été elle canote en société d'étudiants.

Mon compagnon de cabine, un jeune chimiste de Kristiania, découvre dans deux de nos passagères des amies d'une de ses parentes. Immédiatement il se présente à elles et se constitue leur chevalier servant. Au dîner, il leur offre une bouteille de vin et tous scellent par des toasts leur nouvelle amitié. Autre exemple : deux sœurs d'une remarquable beauté rencontrent à Paris deux compatriotes; pendant un mois ce ne sont que parties carrées au restaurant, au théâtre, au café-concert. « Ah! votre Paris! quelle ville de plaisirs! comme mes filles s'y sont amusées! » s'écriait la mère en me racontant la vie joyeuse de ses enfants. Ces parties lui semblaient la chose la plus naturelle du monde.

L'indépendance donne à la Norvégienne, avec une personnalité très accusée, une habitude de la responsabilité et une expérience qui deviennent pour elle des guides précieux dans le choix d'un mari. Vous pensez bien qu'entre jeunes gens aussi fréquemment et aussi librement réunis, l'amour ne tarde pas à parler.

On se voit, on s'aime, on échange des engagements, après seulement on prévient les parents. L'absence de dot rend les mariages d'intérêt très rares; en Norvège, les fortunes patrimoniales sont peu nombreuses. Les parents donnent simplement à leur fille une petite somme d'argent, encore tous n'en ont-ils pas les moyens. Au mari incombe le devoir de faire vivre sa femme. Pour cette raison la célébration du mariage est souvent retardée pendant plusieurs années. Beaucoup de Norvégiens se fiancent très jeunes, lorsqu'ils sont encore à l'Université, et doivent ensuite travailler longtemps avant de pouvoir se créer une position leur permettant de subvenir à l'entretien du ménage. Parfois même le fiancé, s'il est commerçant, est obligé de s'expatrier, d'aller très loin gagner quelque argent, en Amérique ou en Australie; durant son absence la jeune fille reste patiente au pays. Les futurs époux habitent-ils la Norvège, ils se voient alors fréquemment, voyagent ensemble et passent les vacances tantôt chez les parents de l'un, tantôt dans la famille de l'autre. C'est une sorte de mariage blanc, l'essai loyal de la vie commune.

Ici comme aux États-Unis, la période du célibat est pour la jeune fille le temps des plaisirs. Mais beaucoup plus sage que l'Américaine, la Norvégienne sait toujours garder une réserve de bon ton. Elle accepte les hommages, mais ne les provoque pas, elle agrée un fiancé, mais ne le suscite pas. Choyée, fêtée, courtisée, elle a le rôle de la jeune femme dans nos salons. Vienne le mariage, adieu les bals et les plaisirs; la bénédiction nuptiale n'est pas pour elle le commencement de l'émancipation, mais le début de la vie sérieuse. Désormais elle sera absorbée par les soins du ménage et d'une féconde maternité. En Norvège, les familles de cinq, six, sept, huit, et même dix enfants ne sont pas rares. Les joies bruyantes du monde ne sont plus pour la femme mariée qu'un souvenir; maintenant toute son ambition est d'avoir un état de maison qui fasse honneur à son mari. Les héroïnes d'Ibsen sont inconnues en Norvège. Seules quelques vieilles filles aigries par la déception rêvent aux utopies du dramaturge scandinave.

.... Nous approchons d'Arendal. L'intensité de la lumière est aussi étrange que l'aspect du paysage. Tout l'espace est rempli de colorations extraordinaires; les rochers sont rouges, la mer bleue et dans la pureté du ciel les tours blanches des phares flambent comme de grands cierges. Lentement, très lentement, ces vibrances s'atténuent; en bas il n'y a plus qu'une grande pénombre mystérieuse et en haut une clarté diffuse, traînant dans l'air, une sorte de réverbération de glace dépolie. Nous sommes déjà dans la zone du jour continu.

Arendal, une petite ville montueuse, sans caractère, dans le genre de Kristiansand. Cette bourgade de 4500 habitants possède une flotte de 219 navires déplaçant 118 800 tonnes. Elle aussi a brûlé, il y a quelques années.

Plus loin, au fond de baies abritées, se trouvent d'autres grands villages qui, eux aussi, sont d'importants ports d'armement. Par le chiffre de son tonnage la marine marchande norvégienne a le deuxième rang dans la statistique, après celles d'Angleterre et des États-Unis. Ce pays de deux millions d'habitants possède une flotte jaugeant 1 566 558 tonnes (1896), un peu moins d'une tonne par habitant! La plus grande partie appartient aux villes du Skagerak (1 066 558 t.). Telle bourgade, comme Tönsberg, dont la population ne dépasse pas 7 000 âmes, est le port d'attache d'une flotte plus forte que celle du Havre.

.... Nous remontons le fjord de Kristiania tantôt étroit et sinueux comme un fleuve, tantôt large comme un lac; autour une belle campagne fleurie. Dans cette Norvège dont le nom fait rêver d'ours blancs et de glaces, partout des prairies, sur les rives du fjord, sur les îles, sur les collines; derrière, de masses sombres de sapins avec de gros rochers blancs qui semblent un motif de décoration placé par quelque dessinateur paysagiste. Un lac du Bois de Boulogne de dimensions colossales.

A un détour du goulet, Kristiania étage sur une colline bleuâtre sa masse confuse de maisons blanches et rouges. Un immense drapeau tricolore. De loin la ville a l'air d'une capitale ; une fois débarqué, comme à Kristiansand, l'impression se modifie rapidement.

Autour du port, le vieux Kristiania. Des rues droites, monotones, sans animation ; une maison basse à côté d'une haute bâtisse, une baraque en bois accolée à une maison en pierres. Toute l'animation est concentrée plus haut dans le Carl Johans Gade, la rue Charles-Jean, une artère longue de plus d'un kilomètre qui monte du fjord au Château Royal. Là se trouvent réunis les « grands magasins » et les principaux monuments, tous également lourds et disgracieux. Voici le *Storthings Bygning*, la Chambre des représentants, une terrine byzantine ; l'Université, un temple grec maussade, couronné par une statue informe de Minerve protectrice des arts et des sciences ; sur un mamelon, au bout d'une longue perspective de squares et de jardins, le Palais Royal dresse son énorme cube de maçonnerie de caserne. Depuis quinze ans, date de mon premier voyage en Norvège, cette partie de Kristiania a pris un aspect de grande ville. Des maisons monumentales ont été construites sur la Terrasse Victoria, des cafés se sont ouverts, enfin, signe manifeste du progrès, le *Tivoli*, jadis un *bouiboui* de barrière, est devenu un vaste établissement avec un spacieux théâtre en plein vent. Après cette innovation le titre de capitale ne peut plus être refusé à Kristiania. La métropole de la Norvège se trouve à la hauteur de la civilisation fin de siècle. Et nous ne sommes qu'au début de cette nouvelle période. Ces braves Scandinaves, si flegmatiques, ont cédé à leur tour à la fièvre de la spéculation et de la bâtisse. De tous côtés on démolit pour reconstruire ; partout de nouveaux quartiers s'élèvent et tout le monde agiote sur les terrains. L'accroissement rapide de la population explique cette débauche de pierres de taille. En sept ans le chiffre des habitants a augmenté de 30 000 âmes, passant de 150 000 à 180 000.

Je vais visiter dans un faubourg une très ancienne église complètement restaurée (*Gamle Akers Kirke*), puis le fameux bateau des Vikings, découvert dans un *tumulus*. C'est sur des barques de ce type que les hardis Normands partis à l'aventure en plein Océan, découvrirent l'Amérique, et vinrent rapiner sur toutes les côtes de l'Europe. La vue de ce vieux canot fait revivre tout un passé fumeux qui semble légendaire. Après cela, plus rien à voir. Une heure suffit pour connaître toutes les curiosités de la capitale de la Norvège.

Il est trois heures de l'après-midi ; maintenant tout est fermé, l'Université, les collèges, les écoles, les banques, le Parlement, les ministères. A deux heures, la vie publique et sociale prend fin et tout le monde rentre chez soi pour dîner. En revanche, le Norvégien est matinal ; dès huit heures, les bureaux sont ouverts. La Norvégienne suit naturellement l'exemple de son mari ; à l'heure de notre déjeuner elle fait et reçoit ses visites. Après le dîner, vers cinq ou six heures, seuls les intimes sont admis. Plus tôt, on risquerait d'interrompre la sieste. Dans le Nord, la continuité du jour entraîne les mêmes habitudes que la chaleur dans le Sud. Les belles nuits lumineuses de l'été engagent à prolonger très tard les promenades et les causeries, les indigènes ne se couchent guère avant minuit ou deux heures, et dès sept heures il faut être debout. On se rattrape donc dans la journée.

Pour m'orienter dans la ville je saute dans un tramway. Point de conducteur préposé à la perception des places. Un voyageur me montre une petite boîte en verre, je dois y verser 15 *öre* [1] et en retirer un ticket. Un mécanisme très simple permet également d'extraire de la caisse la monnaie nécessaire. Toutes ces diverses opérations se font sous la surveillance même du public, ici plein du respect de la loi et de la propriété d'autrui.

Le *car* me dépose à Homansby, le West-End de Kristiania.

Après la ville maussade et ennuyeuse, un quartier de jolies maisons au milieu d'une vigoureuse verdure. Une banlieue anglaise. L'aspect des habitations indique une bourgeoisie aisée, aimant la vie de famille, recherchant le bon air, l'espace et le calme, en un mot des conditions physiques agréables; évidemment ici le tourbillon mondain n'est point la principale occupation.

Je passe la soirée chez un ami appartenant au corps enseignant. De grandes pièces très claires, très propres, un mobilier pratique mais disgracieux d'intérieur anglais. Ici on n'a ni le goût du bibelot, ni le souci des installations artistiques.

Mon hôte, sa femme et ses filles parlent couramment le français et en connaissent les finesses. Ils suivent attentivement toutes les manifestations de notre mouvement littéraire et les jugent avec une sagacité qui leur fait honneur. Les hardiesses de

---

1. L'*öre* vaut 0 fr. 14 environ.

nos romanciers effarouchent leurs préjugés protestants, mais la sûreté de notre école historique emporte leur admiration. Taine est leur auteur favori. Mes amis ne bornent pas leur curiosité aux œuvres françaises; ils connaissent même plus complètement encore les littératures anglaise et allemande; aucun livre nouveau tant soit peu important dans l'un ou l'autre de ces pays ne leur reste étranger. Mes amis sont de véritables érudits, abordant avec une simplicité charmante, sans aucune pédanterie, les sujets les plus divers d'histoire ou de littérature. Et je ne cite pas un cas particulier. Entretenez-vous avec un Norvégien, tout de suite vous serez frappé par l'étendue et par la variété de ses informations. Dans ces pays au long hiver et aux distractions rares, la lecture est la principale ressource. Plus l'homme vit éloigné de l'équateur, plus grande devient dans sa vie l'importance du livre. Les peuples du Nord sont des liseurs, ceux du Sud des badauds.

La conversation s'engage naturellement sur Ibsen. C'est un sujet obligatoire; dans nos idées, ce nom ne résume-t-il pas la Norvège? Mon hôte, tout en rendant hommage à l'immense talent du grand dramaturge, fait les réserves les plus expresses sur son œuvre. Ne jugez pas notre caractère et nos mœurs d'après ses pièces, me dit-il; vous commettriez la même erreur que ceux qui, ignorant la vraie France saine et travailleuse, croient trouver le tableau de votre pays dans les livres de vos romanciers. *Les Soutiens de la Société* (Samfundets Stötter) sont une peinture malheureusement exacte d'un certain nombre de nos parvenus; quelques scènes dans différents autres drames forment également un tableau brutal de nos vices et de nos travers, mais l'ensemble de l'œuvre n'a de norvégien que le cadre et la langue, conclut énergiquement mon interlocuteur. Et cette opinion ne lui est pas particulière; sur ce point j'ai interrogé nombre de Norvégiens instruits; leurs réponses ont toutes été identiques. D'ailleurs, pendant plus de vingt ans, Ibsen a vécu à l'étranger, tantôt à Rome, tantôt à Munich ou à Paris, et durant ce long exode il a pour ainsi dire perdu de vue son pays pour ne considérer que l'humanité. Ibsen est beaucoup moins un auteur dramatique qu'un polémiste et qu'un apôtre socialiste. C'est avant tout un penseur et un philosophe, et, pour lui, le théâtre est une tribune comme le roman pour Tolstoï. A l'organisation sociale actuelle, il rêve de substituer je ne sais quel nouvel état sans Dieu ni maître. Son idéal est l'anarchie suivant la formule de Kropotkine. Dans les idées du dramaturge norvégien, l'ennemi est la constitution actuelle de la société; à ses yeux, les lois ne sont que des instruments de compression destinés à déformer l'individu et à le couler dans le moule de l'uniformité banale.

L'État, écrit Ibsen, est un fléau pour l'individu. A bas l'État! vive la Révolution sociale! Et il rêve une organisation nouvelle où la personnalité atteindra un développement complet sans être entravée par les lois et les préjugés. La société actuelle n'est que mensonge et hypocrisie, et les Tartuffes modernes, il les démasque dans une trilogie formée par *les Soutiens de la Société*, *Une maison de poupée* et *les Revenants*. Ces deux dernières pièces sont une thèse en faveur de l'émancipation de la femme. La femme n'est pas seulement épouse et mère, elle est avant tout une personnalité humaine qui doit être soustraite à la tyrannie égoïste de l'homme. Comme l

Kristiania. La Terrasse Victoria. Dessin de Gotorbe.

dit très justement Georges Brandes, la seule chose qu'Ibsen respecte et à laquelle il croit, est la personnalité humaine, et toute son œuvre est un plaidoyer en faveur du développement de l'individu.

Vous ne comprenez pas Ibsen, me dit très justement mon ami; dans ses œuvres vous vous préoccupez surtout du côté dramatique et scénique; vous cherchez en un mot le théâtre, et ses théories sociales vous semblent un hors-d'œuvre, or c'est précisément cette partie, accessoire à vos yeux, qui est le morceau principal. Ibsen c'est du Stuart Mill découpé en drames. Tous les comptes rendus publiés à la suite des représentations des *Revenants* à Paris, je les ai lus avec soin; tous sont unanimes. Le rôle du pasteur Manders est inutile, encombrant. Malheureux! mais ce personnage est un symbole; il représente la sottise de la morale actuelle en face du futur état de nature dont les autres personnages exaltent les bienfaits certains. En second lieu, le passage du pasteur dans la pièce fournit le thème d'attaques contre la religion et contre la situation des prêtres luthériens dans la société. En Norvège, le luthéranisme est reconnu par la Constitution comme religion d'État. Par une contradiction choquante dans ce pays de liberté politique presque absolue et d'égalité jalouse, la religion apporte des restrictions à l'exercice de la liberté individuelle et les pasteurs exercent une prépotence gênante. Ibsen attaque cet état de choses par le ridicule. Dans toutes ses pièces défilent de grands benêts de ministres qui n'ouvrent la bouche que pour dire des sottises; après cela, ne vous semble-t-il pas risible d'aller prendre conseil de tels nigauds? Telle est la conclusion qu'il veut suggérer.

Si Ibsen est une sorte d'internationaliste, Björnstiern Björnson se présente, au contraire, comme un puissant nationaliste. C'est le poète par excellence de la Norvège, de ses solides et vigoureux paysans, le champion de l'émancipation et de l'indépendance, le *leader* du parti démocratique. D'un bout à l'autre du pays, du haut en bas de l'échelle sociale, toutes les bouches répètent ses poésies, et toutes les mémoires gardent le souvenir de ses discours émouvants de patriotisme, si pleins tout à la fois de grâce et de force. C'est le chantre du passé poétique et l'apôtre d'un avenir de liberté. Björnson est la personnification vivante de la patrie. Tel Victor Hugo au déclin de sa vie, à cela près que la foule qui lui apportait l'hommage de son admiration n'avait jamais lu un vers de ses œuvres, tandis qu'il n'est pas un Norvégien qui ne sache un poème de Björnson. Björnson lui aussi a exposé au théâtre ses idées philosophiques, mais à la différence d'Ibsen qui rêve une réforme générale de l'humanité, il ne considère que la Norvège dans l'exposé de ses théories.

A la suite de ces deux grands noms, on doit citer Jonas Lie, un George Sand masculin, très norvégien et très populaire, Kjelland, le Daudet scandinave, enfin Garborg. L'adjectif intense, pour lequel cet auteur marque une prédilection particulière, peint son œuvre [1]. C'est un puissant, un violent, et de ses romans se dégage une impression saisissante. *L'Étudiant paysan*, l'histoire d'un malheureux déclassé par l'instruction, est peut-être le livre le plus fort et le plus mâle né du mouvement littéraire actuel. Il explique avec une logique irréductible la pauvreté de la Norvège, ses causes et son influence

---

1. Georges Brandes.

sur le caractère national. C'est moins un roman qu'un
ouvrage d'économie sociale, suivant l'expression
très caractéristique de Brandes. Comme Björnson,
Garborg est un champion acharné de l'indépendance
politique et intellectuelle du pays, poussant le particularisme jusqu'à l'absurde. Aux yeux de Garborg,
a langue norvégienne actuelle n'est pas l'idiome
national; c'est un danois abâtardi, une importation
de l'autre côté du Skagerak, un souvenir de la
domination étrangère qui doit disparaître. La véritable langue nationale, ce sont les patois, et tous ses
livres il les écrit d'abord dans le dialecte des environs de Bergen. Mais comme les populations urbaines
qui forment la majorité des lecteurs ne comprennent pas un mot de ce charabia, Garborg publie en
même temps une « édition danoise », voulant par
cette rubrique justifier son dédain à l'égard de la
langue officielle.

Cet auteur a fait école. Depuis dix ans, une nouvelle
langue norvégienne, faite d'emprunts aux dialectes,
s'est constituée, fruste et énergique, puissante et
imagée comme tous les patois, instrument parfait
d'expression pour un vigoureux peuple qui ignore les
mièvreries du temps présent. Cette transformation
n'est pas dû à une mode littéraire passagère; son
origine est plus sérieuse et doit être recherchée dans
le développement de l'individualisme national de la
Norvège. Aussi bien la nouvelle langue est-elle de plus
en plus employée, même dans les mémoires scientifiques. Cette innovation n'est pas précisément commode
pour les étrangers. Tel qui possédait parfaitement
le norvégien il y a quinze ans est aujoud'hui inca-
pable de comprendre nombre de vocables de l'idiome
actuel. Si je ne savais le patois du nord, la moitié des

publications norvégiennes me serait fermée. Le dialecte que j'ai appris des Lapons et qui autrefois excitait l'hilarité de mes amis de Kristiania est devenu la langue littéraire !

La Norvège traverse une crise politique aiguë. Depuis longtemps un conflit divise le roi et la Chambre ; les rapports entre les deux pouvoirs sont aussi tendus qu'à la fin de notre 16 Mai entre les députés et le maréchal de Mac-Mahon. La vie publique n'en continue pas moins sans révolution et sans secousse violente. La patience est la vertu cardinale des Septentrionaux.

Sur cette grosse question, j'ai interrogé des hommes politiques, des journalistes, des commerçants, des paysans venus à Kristiania vendre leur bois, des gens paisibles qui n'ont cure de toutes ces agitations ; j'ai lu des collections de journaux, des brochures : une enquête très intéressante pour la connaissance du caractère norvégien.

Examinons d'abord le fonctionnement de la machine gouvernementale et électorale. Cette étude est pleine d'enseignements et d'exemples instructifs. A tous les hommes politiques je conseille un tour en Norvège. Pour beaucoup cette excursion sera un voyage de découverte. Ils verront un État gouverné suivant deux grands principes partout proclamés et nulle part pratiqués : l'honnêteté et le respect de la liberté d'autrui. Au point de vue politique comme au point de vue pittoresque, la Norvège est un pays à part.

Tout d'abord le pouvoir exécutif est strictement cantonné dans le rôle d'administrateur. A part les ministres et quelques grands dignitaires, les fonctionnaires sont inamovibles et ne peuvent être révo-

qués qu'en vertu d'un jugement. De là une indépendance absolue de tous les employés. La loi distingue
en eux deux personnalités complètement séparées :
l'administrateur et le citoyen. Des actes et des opinions du citoyen le gouvernement n'a cure; à sa
guise il peut être radical ou conservateur, prendre
même une part active aux luttes électorales comme
orateur ou candidat; jamais il ne sera inquiété. En
Norvège, comme du reste dans les autres pays scandinaves, on peut assister au singulier spectacle d'un
préfet attaquant dans une réunion publique le gouvernement dont il est l'agent. Ici les fonctionnaires
ne sont pas des instruments de trituration de la
matière électorale. Si jamais un ministre de l'intérieur norvégien s'avisait de vouloir imiter les pro-
cédés électoraux de ses collègues de l'Europe centrale ou méridionale, ses agents refuseraient de lui
obéir. D'autre part, le fonctionnaire n'est pas tenté
d'abuser de sa situation en faveur d'un parti; le
moindre acte de pression ou d'arbitraire l'exposerait
à des poursuites judiciaires. Les agents du gouvernement, du haut en bas de la hiérarchie, sont res-
ponsables de leurs actes. Contre tout entraînement
de ce genre, le bureaucrate norvégien est d'ailleurs
garanti par son désir de mériter l'estime de ses
administrés. Lorsque je racontais aux paysans scandinaves les exploits de nos préfets sous tous les
régimes en matière électorale, ils doutaient de mes
récits. Comment un *amtmand* (préfet), à leurs yeux le
symbole vivant de l'honnêteté administrative et de
la justice, pouvait-il ordonner à ses subordonnés de
voter en faveur de tel ou tel candidat? Pour ces simples, nos préfets n'étaient pas de « braves gens ».

Donc aucune pression administrative et en même

temps aucune corruption électorale. Point d'agapes, point de buveries payées par les candidats; point de distribution d'argent, point même d'affiches. Le régime électoral à deux degrés existant en Norvège ne permet guère les largesses nécessaires au fonctionnement du suffrage universel. Ici d'ailleurs la plupart des candidats sont trop pauvres pour faire de pareilles dépenses et le traitement de député trop minime pour permettre de les recouvrer ensuite. En Norvège, vous avez presque le spectacle des républiques grecque ou romaine au temps de l'âge d'or, avec les Aristide et les Cincinnatus. La lutte électorale consiste uniquement en polémiques de presse et en réunions publiques. Pour soutenir leurs fidèles ou pour gagner des partisans dans les circonscriptions hostiles, les orateurs de chaque parti s'en vont par tout le pays porter la bonne parole. Une rude tâche que celle de ces commis voyageurs en politique. Ici les chemins de fer sont rares et la population disséminée au milieu des montagnes; entre deux réunions l'orateur doit souvent parcourir vingt lieues dans une mauvaise voiture, et la tournée dure parfois plus d'un mois. En 1891, Björnson, le chef du parti démocratique, ne tint pas moins de cinquante meetings en quelques semaines. Mais les Norvégiens ont conservé une foi politique, et avec l'abnégation et le dévouement d'apôtres, les chefs de parti acceptent toutes les fatigues et toutes les charges. Très amusantes ces réunions. Pour les paysans habitués à la vie solitaire, elles sont une véritable fête, une occasion de se voir et de causer; de tous les coins de la vallée les électeurs arrivent donc en foule. La réunion a lieu dans une grange spacieuse, ou en plein champ, ou encore au milieu de la forêt, comme les assemblées populaires de la Suisse. L'orateur parle des heures — en Norvège plus que partout ailleurs les tribuns sont prolixes — et les auditeurs écoutent bouche bée dans un silence religieux.

La constitution de la Norvège est, après celle d'Angleterre, la plus ancienne d'Europe; elle date de 1814; aussi bien les politiciens demandent-ils des modifications à ce respectable monument législatif. Sur les bords du Skagerak, comme sur les rives de la Seine, la revision constitutionnelle est la panacée universelle. La loi fondamentale de la Norvège, copie de notre constitution de 1791, établit le régime représentatif dans sa plus large expression. Le Parlement (*Storthing*) vote le budget, propose et discute les lois, mais les ministres choisis par le roi échappent à son influence. C'est sur cette question de la nomination des ministres que le débat s'est engagé entre le roi et la Chambre, il y a plus de dix-huit ans.

Les paysans constituent le gros contingent du corps électoral et leurs représentants la majorité du *Storthing*. Ces paysans, comme tous leurs pareils en Europe, sont simplistes : leurs opinions politiques se résument dans la haine des impôts et des fonctionnaires qui les rendent nécessaires. Quelle est l'utilité d'une armée ou d'une marine, sinon à entretenir des paresseux aux dépens des pauvres gens qui peinent et suent toute l'année? Interrogez les députés ruraux, tous vous exposeront la même théorie. Leur programme consiste à tout supprimer et à ne rien rétablir; chacun ferait ses propres affaires. En même temps, le spectacle de nos luttes politiques pour l'établissement de la République développait singulièrement les sentiments d'indépendance du peuple norvégien. Tous les dithyrambes sur la souveraineté populaire, tous les lieux communs sur les droits de l'homme et du citoyen, tout notre verbiage parlementaire ont trouvé en Norvège des lecteurs assidus et croyants, et par-dessus ces ritournelles d'orgue de Barbarie l'éloquence vibrante de Gambetta envoyait ses échos jusque dans les plus humbles chaumières du Nord. Dans les discours enflammés du célèbre orateur les paysans norvégiens trouvaient l'expression de leurs revendications. Et un grand nombre de circonscriptions rurales nommaient des députés radicaux, tandis que les villes élisaient des conservateurs[1]. Mais toutes les aspirations à la pratique effective de la souveraineté nationale et tous les rêves de réforme budgétaire s'évanouissaient devant la résistance du pouvoir exécutif. Le triomphe du programme radical ne pouvait être assuré que par la nomination de ministres ayant les idées de la majorité, en d'autres termes par l'organisation du parlementarisme. Le *Storthing* vota donc la revision de la Constitution; usant du droit de veto, le roi repoussa toute modification à la loi fondamentale avec la même énergie que le Parlement avait mise à la présenter. La lutte fut âpre, enflammée par l'éloquence chaleureuse de Björnson et par les harangues incisives de Sverdrup. Devant la résistance du roi, le grand poète prononça alors pour la première fois le mot de république et l'annonça comme la forme future du gouvernement norvégien. Finalement, ainsi que cela arrive toujours en pareille circonstance, le pouvoir exécutif céda, et bien que repoussant le principe du parlementarisme, l'accepta en fait en choisissant des ministres parmi la

---

1. Pour la première fois, en 1894, Kristiania et Throndhjem, les deux grandes forteresses conservatrices, ont été emportées par les radicaux.

majorité. Cette concession ne calma pas les esprits; en tous pays les demi-mesures sont vaines.

L'âpreté de la lutte revisioniste avait violemment excité les esprits et l'acrimonie des discussions réveillé la vieille hostilité contre la Suède. Dans ces conditions, des manifestations séparatistes ne tardèrent pas à se produire.

La Norvège et la Suède sont, comme on sait, unies depuis 1814 par les liens d'une union personnelle. Cet agrégat politique est le dernier vestige des fameux traités de Vienne. Pour punir le Danemark de sa fidélité à la cause de la France et pour récompenser la Suède de sa participation à la lutte contre Napoléon, les puissances coalisées réunies à Vienne confirmèrent le traité de Kiel par lequel le roi de Danemark Frédéric VI avait abandonné à Bernadotte la Norvège. Tandis que les autres peuples passaient sans protester comme des troupeaux d'un maître sous un autre, les Norvégiens refusèrent fièrement de se soumettre à un acte conclu sans leur participation et prirent courageusement les armes. Les troupes norvégiennes étaient mal armées, mal équipées, mais néanmoins capables d'opposer une vigoureuse résistance. Devant cette situation, Bernadotte prit le parti très sage de traiter. Les négociations conduites par des délégués suédois et les représentants du Storthing aboutirent, le 20 octobre 1814, à l'acte d'Union entre les deux pays et à l'élection de Bernadotte comme roi de Norvège. Depuis, les relations entre la Suède et la Norvège ont été à diverses époques très tendues. Ces deux peuples, qui sembleraient devoir être unis indissolublement par la communauté de race et de langue, sont de véritables frères ennemis. Les longues luttes soutenues contre les

Suédois ont laissé au cœur des Norvégiens un vieux levain d'inimitié, qu'entretient le défaut de relations entre les deux pays, résultat de leurs positions géographiques. La Suède tourne son activité vers la Baltique, la Norvège vers l'Atlantique; les deux peuples divergent vers deux directions différentes; de plus, sauf dans le sud, une épaisse chaîne de montagnes sépare complètement les deux royaumes. La Norvège a beaucoup plus de relations avec l'Angleterre qu'avec sa voisine, et, tandis qu'elle est restée réfractaire à toute influence suédoise, elle a subi, au contraire, l'ascendant des mœurs britanniques. Enfin les Norvégiens ont un esprit de liberté qui s'accommode mal d'une ingérence étrangère.

Quoique basée sur le principe des nationalités, l'union scandinave est purement artificielle, et, dans l'ardeur de la polémique constitutionnelle, les ultra-radicaux n'ont pas hésité à réclamer l'indépendance absolue de la Norvège. Leurs efforts ont porté d'abord sur la séparation du Ministère des affaires étrangères; actuellement cette question occupe le premier rang dans les revendications norvégiennes. Les relations extérieures des deux royaumes sont dirigées par le roi sous le contrôle d'un ministre commun qui est Suédois. Si les agents diplomatiques appartiennent indistinctement à l'un ou à l'autre des deux pays, en fait les affaires étrangères de la Scandinavie sont régies par la Suède. Contre cette direction les Norvégiens n'ont pas, que nous sachions, de griefs bien sérieux, mais quelques maladresses sont venues donner des apparences de raison aux réclamations du *Storthing*. Dans cette affaire la France se trouve mêlée bien malgré elle, on peut dire même à son insu.

La Norvège avait accepté avec empressement de prendre part à l'exposition universelle de 1889. La Chambre avait voté une importante subvention; la participation de ce pays était donc presque officielle. Les commerçants suédois s'abstinrent, au contraire. Vint le jour de l'inauguration. Comme tous ses collègues du corps diplomatique, le Ministre de Suède et Norvège ne parut pas au Champ de Mars. Ce fut alors dans toute la Norvège comme une clameur énorme. « L'ambassadeur représente la Norvège au même titre que la Suède, écrivaient les journaux; notre pays ayant pris part à l'exposition, il avait le devoir de le représenter à la solennité de l'inauguration; sinon les deux nations ne se trouvaient pas traitées sur un pied d'égalité ». Le thème prêtait à des développements; ils furent longs et violents. Dès lors la question d'une représentation à l'étranger distincte pour les deux pays était posée; depuis elle est devenue un des articles les plus importants du programme national soutenu par la majorité du *Storthing*.

A la suite des élections qui ont eu lieu l'automne dernier (1897) le débat est entré dans une phase nouvelle. Dans le *Storthing* le parti radical ne disposait jusque-là que de la pluralité des voix; la dernière chambre comptait 59 membres de gauche et 55 de droite. On était donc loin de la majorité des deux tiers exigée par la constitution pour la revision. La dernière consultation populaire a complètement modifié la situation en donnant à la gauche l'effectif nécessaire pour procéder aux réformes. En présence du résultat des élections, le roi a cherché une transaction, mais sans aboutir jusqu'ici à une entente.

Ainsi, tandis que les populations de l'Europe centrale et méridionale aspirent à l'unité, un esprit très vif de particularisme et de séparatisme menace de dissolution les différents agrégats politiques entre lesquels sont répartis les Scandinaves, et le grand principe des nationalités qui domine l'histoire de la seconde moitié du XIXe siècle soulève des protestations sur les bords de la Baltique et de la mer du Nord. Alors que l'Allemagne et l'Italie viennent de se constituer en puissantes nations et que les races de la presqu'île des Balkans se soudent en royaumes et en principautés, que les Slaves rêvent de réunir en un corps tous les membres épars de leur famille, la race scandinave a une tendance marquée à l'émiettement et à la division. Un instant, en 1864, lors de la malheureuse guerre du Slesvig-Holstein, un mouvement unitaire se produisit principalement en Suède. A la nouvelle des désastres éprouvés par le Danemark, un frisson belliqueux secoua Suédois et Norvégiens et le chevaleresque Charles XV parut un moment devoir être le fondateur d'une confédération scandinave prête à se dresser en face du pangermanisme. La prudence de ses ministres arrêta cet élan ; le seul résultat de ce mouvement unitaire fut la conclusion, dix ans plus tard, d'une convention monétaire entre les trois royaumes du Nord. Bientôt après apparurent les premiers symptômes d'un esprit nouveau. Un souffle d'indépendance passa à travers la Norvège. Aujourd'hui une république complètement indépendante du royaume voisin est l'idéal rêvé par une fraction importante du peuple norvégien.

La tendance au séparatisme manifestée par les Scandinaves est une conséquence de leur esprit d'individualisme. Lisez l'histoire : de tous temps les Norvégiens ont eu l'amour de la liberté et la haine de l'autorité. En 872, lorsqu'Harald Haarfager eut réuni sous son sceptre toute la Norvège, de puissants chefs de clan lui refusèrent obéissance, et, plutôt que de se soumettre, émigèrent aux Færö et en Islande. Dans leur farouche jalousie d'indépendance, les premiers colons établis sur cette grande île du Nord n'élurent aucun chef et n'établirent parmi eux aucun gouvernement : ni Dieu, ni maître; chaque famille dirigeait ses affaires à sa guise. Les précurseurs de l'anarchie de cette fin de siècle, ces pirates scandinaves! Cet esprit s'est maintenu à travers les âges. Voyez la distribution de la population norvégienne. Les villes sont peu nombreuses et dans les campagnes les agglomérations très rares; peu ou point de bourgs ou de villages, rien que des maisons isolées, des *gaard*. Le Norvégien fuit tout contact avec ses semblables pour éviter toute contrainte; la Norvège est comme un agrégat de clans unis dans une confédération commune. Par suite, le rouleau niveleur de la centralisation et de la compression administrative n'a ni émoussé les caractères, ni fondu la population en une masse uniforme. Au lieu d'une foule moutonnière habituée à obéir au premier signe du plus infime fonctionnaire, encadrée, moulée, pétrie par vingt siècles de compression féodale et administrative, vous rencontrez une collectivité d'individus unis par l'idée commune de patrie, mais restés indépendants et rebelles à toute direction. Ils veulent la liberté pour eux, partant pour l'État qu'ils constituent, et à leurs yeux l'ingérence suédoise dans leurs affaires, quelque discrète qu'elle soit, leur semble un empiétement sur leurs droits.

La Norvège est par excellence le pays de l'individualisme. Dès le plus bas âge la conscience de sa personnalité est donnée à l'enfant par les mœurs comme par l'éducation. Ici, au lieu de rester pendu aux jupes de sa mère, l'enfant est lâché comme un jeune animal; à lui de prendre ses précautions. C'est la mise en pratique de l'éducation d'Herbert Spencer. « La seule discipline salutaire, c'est l'expérience des conséquences bonnes ou mauvaises, agréables ou pénibles qui découlent directement de nos actes. » Dans les ports vous voyez la marmaille s'amuser à la manœuvre des canots; de tels jeux, dont nos prudentes mères de famille s'alarmeraient, semblent tout naturels aux parents. Le garçon doit apprendre à se débrouiller.

Le régime scolaire norvégien, au lieu de comprimer l'enfant, développe chez lui l'initiative et l'amour de la liberté. D'abord, à aucun degré de l'enseignement n'existe l'odieux emprisonnement de l'internat. Les élèves des collèges dont les parents habitent la campagne vivent comme pensionnaires chez des parents, chez des amis ou même chez des étrangers qui, par cette hospitalité payée, augmentent leurs modestes revenus. Les écoliers norvégiens jouissent d'une indépendance que nous ne conquérons que par le baccalauréat; dans cette liberté ils prennent le sentiment de leur responsabilité et acquièrent le respect de la loi.

Un exemple typique : les élèves de l'École militaire sont externes. Le règlement fixe le coucher à neuf heures; tous les soirs, un sergent passe au domicile des cadets pour s'assurer de son exécution. Les infractions sont, m'a-t-on assuré, extrêmement rares.

L'école primaire exerce la même influence sur le peuple. Dans les campagnes les écoles sont très éloignées des habitations; pour aller en classe les

enfants doivent souvent parcourir sept ou huit kilomètres. Ce trajet les jeunes Norvégiens l'exécutent
en hiver sur les *ski*, ces longs et étroits patins en
bois qui glissent comme des flèches sur la neige.
Que de dangers à éviter en route ! Le pays est
montagneux, la neige épaisse, le froid terrible, le
péril constant ; en apprenant à l'éviter l'enfant devient
rapidement homme. Il acquiert l'habitude de ne
compter que sur lui, il prend conscience de sa force
et développe sa personnalité par l'exercice de toutes
ses facultés. Habitué à triompher de la nature et fait
à la vie indépendante, il supportera mal l'autorité,
il ne sera pas un instrument docile comme notre bon
et brave paysan discipliné à toutes les exigences du
pouvoir. Il voudra donc la liberté pour lui et pour la
collectivité dont il fait partie.

.... Un ami a l'obligeance de me guider dans la
visite des établissements d'instruction, ces puissants
instruments d'amalgame.

Un premier point important à noter. L'enseignement primaire et secondaire est absolument libre.
Tout le monde peut ouvrir une école, sans avoir
besoin de produire un diplôme. Ces gens pratiques
ne mesurent pas la valeur d'un éducateur à ses
parchemins universitaires. L'État a simplement un
droit de contrôle. Si la commission de surveillance
scolaire, après examen des élèves, juge l'enseignement de ces établissements insuffisant, elle a le droit
d'obliger les parents à envoyer leurs enfants dans
une école publique. En France, l'administration fer-
merait la maison. La différence du procédé montre la
manière dont la liberté est comprise dans les deux
pays. Pour l'enseignement secondaire, l'État, loin de

s'en réserver le monopole, favorise au contraire les établissements libres en accordant à certains d'entre eux le droit de conférer à leurs élèves le diplôme correspondant à la première partie de notre baccalauréat. A Kristiania, sur cinq gymnases, un seul appartient à l'État; les quatre autres établissements libres jouissent du privilège du plein exercice.

Dans le programme des écoles primaires et secondaires, l'instruction religieuse est obligatoire. D'après la définition même de la loi, le but de l'enseignement primaire est « d'inculquer aux enfants une instruction chrétienne, de leur donner les notions élémentaires nécessaires et de les mettre en état d'étendre plus tard leurs connaissances ». Religieuse et pratique, telle est en deux mots l'éducation norvégienne. Lisez la liste des matières obligatoires : la lecture, la religion, l'histoire de la Bible, l'étude de la Bible et des Psaumes, l'écriture, le calcul, le chant et la lecture de morceaux choisis, non pas de littérature ronflante et de haut style, absolument inutile à de futurs artisans, mais de géographie physique, de sciences naturelles ou d'histoire. La grammaire, très simple du reste dans les langues scandinaves, fait partie des matières accessoires que l'instituteur n'enseigne que s'il en a le temps. La rhétorique ne préoccupe pas ces froids esprits du Nord, sages et méthodiques.

La direction de l'enseignement primaire est confiée au clergé luthérien. Les pasteurs président de droit les commissions scolaires communales et les examens annuels; les évêques nomment les instituteurs et inspectent les écoles. Tel est le souci du législateur de veiller à l'instruction religieuse des enfants que dans leurs tournées les évêques soumettent à un examen sur cette matière les enfants élevés dans leurs familles.

En un mot, à leur mission évangélique, les hauts dignitaires ecclésiastiques joignent des fonctions analogues à celles de nos recteurs d'Académie.

De par la Constitution le luthéranisme est religion d'État; par suite, il n'existe pas en Norvège, comme dans nos pays, une limite nette entre le spirituel et le temporel, et le premier déborde sur le second. Contre cet empiétement la nouvelle école littéraire, imbue des idées modernes de séparation de l'Église et de l'État, essaie de réagir. Björnson avec sa fougue habituelle a attaqué en de chauds plaidoyers cette immixtion du spirituel dans le temporel, et au service de cette cause Ibsen a mis sa puissante ironie. Mais toutes ces tentatives ne sortent pas du domaine des spéculations philosophiques; le peuple norvégien reste absolument sourd à toutes ces exhortations, inébranlablement attaché à sa foi religieuse.

Instituteurs comme maîtres de l'enseignement secondaire et supérieur ne se plaignent pas de cet état de choses. Il leur semble même tout naturel. Il n'y a pas ici deux tendances et deux esprits toujours et partout en lutte.

Visite à l'Université, un des centres scientifiques les plus actifs et les plus importants d'Europe. Dans les sciences physiques et naturelles, ses professeurs tiennent une des premières places par la valeur de leurs travaux comme par l'éclat de leur enseignement. Aujourd'hui la Norvège est à une de ces époques fécondes où l'esprit humain, éprouvant comme une violente poussée de sève, s'épanouit en œuvres puissantes dans tous les genres. Ce petit pays de deux millions d'habitants compte des maîtres dans toutes les branches de l'activité intellectuelle. En littérature, il a Ibsen, Björnson, Kielland, Lie

Garborg, etc. ; en musique, Grieg et Sinding ; en peinture, Skredsvig, Werenskiold, Thaulow ; enfin ses savants, pour être moins connus du grand public, occupent cependant une place très considérable en Europe. En météorologie et en océanographie, le professeur Mohn jouit de la plus haute autorité ; en géologie, Helland a publié de remarquables travaux sur les glaciers et les formations auxquelles ils donnent naissance ; Reusch a découvert les fameux fossiles des micaschistes de Bergen et plus récemment les traces d'une période glaciaire antérieure au quaternaire ; enfin Brögger est l'auteur d'études de premier ordre sur la géognésie de la Norvège. En zoologie, la dynastie des Sars a un renom universel et le professeur Collett a conquis une réputation non moins solide. C'est l'ichtyologue le plus compétent d'Europe et c'est à lui que le prince de Monaco a confié l'examen des poissons recueillis dans ses explorations sousmarines. Pour terminer cette énumération, citons le mathématicien Sophus Lie, et, au-dessus de tous ces noms, celui de Nansen, le héros du Pôle, la personnalité la plus complète de la Norvège, tout à la fois homme d'action et savant de cabinet, naturaliste éminent et littérateur incomparable dans la peinture des glaces polaires que son énergie a su vaincre. Fridtjof Nansen est un individu hors pair dans l'espèce humaine, absolument remarquable par l'harmonieuse réunion de qualités qui ordinairement s'excluent. C'est tout à la fois un athlète, un homme de sport et un intellectuel, un énergique et un doux, un naturaliste et un artiste. Une force physique extraordinaire et une intelligence très nette et très précise, avide et curieuse de toutes les manifestations de l'esprit humain, telle est, en deux mots, la caractéristique

du célèbre voyageur. A cette puissance corporelle et
cérébrale sont dus ses prodigieux succès.

L'éclat du mouvement scientifique en Norvège est
dû à la méthode adoptée par les savants. Ici les naturalistes ne restent pas confinés dans leurs labora-
toires, uniquement occupés à fouiller à l'aide du
microscope et du scalpel des fragments de cailloux
ou des cadavres d'animaux. C'est au milieu de la
nature qu'ils cherchent à surprendre les secrets des
problèmes dont ils poursuivent la solution. L'observation directe des êtres vivants et des formations
géologiques est leur principale préoccupation; pour
eux, les travaux de laboratoire ne sont que le complément des investigations faites sur le terrain. Chaque
été, géologues, zoologistes, botanistes entreprennent
de pénibles expéditions pour recueillir des matériaux d'études. Les professeurs de l'Université de
Kristiania sont d'intrépides voyageurs et dans leurs
brillants états de service scientifique la plupart
comptent de nombreuses et fécondes explorations. De
là une étonnante abondance d'œuvres originales et
neuves.

L'Université de Kristiania, la seule existant en
Norvège, est une fondation du roi Fredric VI (1811).
Constituée sur le modèle des établissements d'instruction supérieure d'Allemagne, elle tient une place
importante dans la vie publique et jouit d'une autorité morale considérable. Pour les Norvégiens, elle est
le symbole de la patrie et l'espoir du pays. Aussi de
quelle considération tous ses membres sont-ils entourés. Dans la société, les professeurs occupent le
premier rang et, dans la jeunesse, l'étudiant a le
prestige du sémillant lieutenant en d'autres pays.

Les étudiants forment une puissante association,

Studentersamfundet, organisée en cercle. Plusieurs fois pendant l'hiver, cette société donne des fêtes auxquelles sont conviées les familles des professeurs et des notables de la capitale, et à toutes les solennités publiques elle prend une part active. Notre Association des étudiants est copiée sur cette institution; en présence des excellents résultats obtenus en Norvège, on ne saurait faire des vœux trop ardents pour le succès des sociétés similaires françaises.

Depuis deux jours j'ai les oreilles rebattues de politique, de littérature et d'histoire naturelle. Pour me reposer je monte un matin à Frogner Sæter, villa perchée à 415 mètres au-dessus de la ville [1].

Une charmante excursion en voiture aboutissant à un panorama incomparable. De là-haut tout le bassin du fjord se découvre au milieu d'une riante campagne. D'en bas le mouvement de la ville active et bruyante monte en rumeur sourde comme une plainte de la civilisation en travail, tandis qu'ici c'est le calme de la nature et l'infini repos dans une immensité de bois silencieux et de montagnes désertes fuyant en longues perspectives bleuâtres. Vous avez sous les yeux un résumé grandiose des divers aspects de la Norvège, de ses fjords, ses forêts et ses montagnes.

A midi, je rentre brûlé par le soleil. Du 15 juin au 1er août, Kristiania est généralement un véritable four; à cette époque, le thermomètre monte parfois à + 30°.

A partir de 4 heures, la température devient exquise

___

1. Ancienne propriété du banquier Heftye, acquise après sa mort par la ville de Kristiania, qui en a fait un domaine public.

et je vais visiter Oscarshal, un ancien chateau royal transformé en musée historique. Les collections n'offrent aucun intérêt pour un étranger, mais la campagne est superbe. Une banlieue très gaie; de jolies

Stabur norvégien. Dessin de Taylor.

villas cachées au milieu des bois, des pelouses, des bouts de fjord pareils à des lacs enclos de verdure. Dans ce cadre poétique, au pied du château, se trouve réunie une série d'anciennes constructions en bois, intéressante au double point de vue archéologique et artistique.

Il y a là notamment une très belle église appartenant à ce genre spécial que les Norvégiens désignent sous le nom de *stavekirke*. Le monument est étrange et fantastique ; un entassement pyramidal de toits, de clochetons, de pignons, de dômes montant en l'air comme une pagode de dominos, une impression de quelque chose de rare, de particulier à ce pays. D'après le professeur Dietrichson, les *stavekirke* seraient une reproduction des églises romanes d'Angleterre et de France modifiée par la substitution du bois à la pierre.

Les sculptures ornant les murs intérieurs de l'église de Bygdö, très archaïques et à ce titre très curieuses, figurent des scènes religieuses. Sur d'autres *stavekirke*, on trouve, au contraire, des représentations des mythes du paganisme, notamment de la légende de Sigurd et du dragon Fafner, mis à la scène par Wagner dans l'opéra des *Niebelungen*. Ces églises remontent donc à l'époque de transition entre le paganisme et le christianisme, c'est-à-dire au xie siècle. Celle de Bygdö date du xiiie [1].

Des sept ou huit cents *stavekirke* qui ont existé jadis en Norvège il n'en subsiste plus que quelques-unes. Pour sauver de la ruine plusieurs de ces précieux monuments de l'art primitif menacés de destruction, de généreux Mécènes les ont achetés, transportés et réédifiés en lieu sûr. Ainsi l'église qui

1. Tous ces détails sur l'ancienne architecture scandinave sont empruntés à un opuscule du professeur Dietrichson, *l'Église en bois de Gol et les autres bâtiments d'ancienne construction norvégienne rebâtis en Bygdö par la munificence de S. M. le Roi Oscar II*, Kristiania, 1889. Une description très complète et technique de ces édifices a été publiée par le regretté Nicolaysen, sous le titre de *Gols Gamle Stavkirke og Hovedstuen fra Bygdö Kongsgaard*, Kristiania, 1885. Ces opuscules ne se trouvent pas dans le commerce et ont été publiés aux frais de M. Holst, chambellan du Roi, dont la libéralité a puissamment contribué à cette intéressante restitution.

s'élève aujourd'hui à Bygdö se trouvait jadis à Gol, dans le Hallingdal. Le roi Oscar, qui est un artiste, a fait tous les frais de la restauration. Près de Bergen, une autre *stavekirke* a été également préservée de la destruction grâce à l'initiative intelligente d'un riche commerçant.

A Bygdö, on voit des échantillons non moins curieux de l'architecture civile. Voici d'abord une *rögstue*, une « cabane enfumée », l'habitation primitive scandinave, une baraque en bois dont le toit pointu est percé d'un trou pour laisser passer la fumée du foyer établi sur une pierre, au centre de l'unique pièce de la maison : le même principe de construction que celui du *pörte* finnois et de la *game* lapone, la hutte stable après le campement improvisé sous des branchages. La *rögstue* est restée fort longtemps en usage, alors même que les Norvégiens avaient atteint un degré de culture relativement avancé. Dans la première moitié du xviii° siècle, toutes les habitations contenaient une *rögstue* et cette pièce existe encore aujourd'hui dans les maisons islandaises.

Le musée d'architecture de Bygdö est complété par un *stabur*. Cette construction, servant de magasin, est montée sur six pilotis, afin que son contenu soit à l'abri de l'humidité et de la dent des rongeurs.

Si les *stavekirke* rappellent les formes des pagodes, les *staburs* offrent, paraît-il, une grande ressemblance avec les habitations du Cachemir ; dans ces analogies des auteurs ont vu une survivance du symbolisme bouddhique en Europe [1].

Les façades des *stabur* sont parfois ornées de sculp-

1. H.-G.-M. Muray-Aynsley, *Discursive contribution towards thecomparative study of asiatic symbolism,* in *The Indian Antiquary,* janvier 1887.

tures grossières rappelant celles des *stavekirke*. Dans toutes les fermes actuelles, existe une ou plusieurs de ces maisonnettes sur pilotis. Des cabanes bâties sur le même plan se rencontrent en Suisse, notamment dans l'Engadine et dans la vallée de Zermatt; les mêmes nécessités ont engendré un mode de construction identique.

CHAPITRE II

UNE EXCURSION DANS LE TELEMARK

La Rjukanfoss et le Gausta. — Coup d'œil général sur la Norvège.

Tout voyage en Norvège comprend la visite des fjords célèbres de la côte ouest, le Sogne, le Hardanger, etc., et la traversée des montagnes par l'une des routes qui relient la région occidentale à Kristiania. Avant de gagner Throndhjem et d'entreprendre la tournée classique des fjords, je vais d'abord gravir le Gausta (1 884 m.), la montagne la plus haute, située dans le voisinage de la capitale. Les *Guides* recommandent toujours aux touristes, au début de leur séjour dans une ville, de se rendre compte de sa position et de sa configuration en montant au sommet d'un clocher. Lorsqu'il s'agit d'un pays aussi peu familier que la Norvège, le conseil est beaucoup plus judicieux. Du sommet d'un belvédère élevé, une étendue considérable de terrain se déroule à vos pieds comme une carte en relief et d'un seul coup d'œil les aspects généraux du pays que vous allez parcourir ressortent avec une netteté parfaite. C'est la préface qui donne l'ensemble des lignes du volume.

Une excursion au Gausta est très intéressante. Elle

conduit dans une partie de Telemark qui passe pour une des régions les plus pittoresques de la Norvège. Au pied de la montagne, bondit la Rjukanfoss, la plus belle cascade de l'Europe, et un peu plus loin se trouve la magnifique *stavekirke* d'Hitterdal. Enfin, dans ce district, les habitants ont conservé les anciens costumes nationaux. En me pressant, quatre jours suffiront pour cette excursion.

Donc, dans l'après-midi, je prends le train pour Kongsberg. Un chemin de fer à voie étroite aux allures de tramway file le long du fjord. Toujours le paysage laisse la même impression d'étonnement. Des morceaux de lacs, de petites nappes dormantes, cernées de terres, comme des restes d'inondations; partout une verdure fraîche et luisante, une nature épanouie dans un rayonnement printanier. La mer est bleue et les lointains violets se détachent avec un relief extraordinaire dans une lumière crue. N'était-ce la végétation, le fjord de Kristiania semblerait une baie de la Méditerranée.

Au delà de Drammen, le chemin de fer s'engage dans l'intérieur des terres. Maintenant plus de pittoresques perspectives, plus d'horizons variés, rien qu'une immense forêt de pins. Bientôt apparaît un tas de maisonnettes blanches dissimulé au milieu de bouquets d'arbres; nous arrivons à Kongsberg, le terminus de la ligne.

Depuis mon entrée en Norvège, la nuit n'est plus qu'un souvenir vague. Pendant les quelques heures que le soleil reste au-dessous de l'horizon, un crépuscule lumineux dure jusqu'à l'aurore; aussi bien je prends le parti de poursuivre immédiatement mon voyage; je loue une *kariol* et en route pour Tinoset.

Le plus singulier véhicule, la voiture nationale norvégienne : une cuiller, montée sur deux roues, fixée au collier du cheval par deux fourchettes fermées chacune par une petite fiche en bois. Toutes les demi-heures, si le chemin est cahoteux, la baguette saute, le brancard tombe et le cheval risque de s'abattre. En marche, ne perdez jamais de vue la fourchette, sous peine de culbuter. Un seul voyageur peut s'asseoir au fond de la cuiller; par derrière, sur un coffre étroit, prend place un domestique. La caisse de la voiture est très courte; pour peu que vous soyez grand, vos jambes pendent en dehors; à cet effet les marchepieds servent d'étriers. Jugez de la commodité du véhicule! Et notez que la *kariol* est un huit-ressorts comparée à la *stolkjærre*, la voiture commune.

Avant de partir, je promets un bon pourboire au *skydsgut*, au gamin chargé de ramener l'équipage, à condition qu'il me laissera user du fouet. Une précaution indispensable si vous voulez marcher vite. Les chevaux norvégiens ont naturellement les habitudes de lenteur de leurs maîtres; si vous essayez de presser leur allure, neuf fois sur dix vous soulèverez les protestations du propriétaire. La plupart des indigènes sont dignes des plus hautes récompenses de la Société protectrice des animaux. De telles habitudes méritent le respect et la louange; elles sont la preuve de grandes qualités chez un peuple, mais elles deviennent terriblement gênantes pour les voyageurs.

De Kongsberg à Tinoset l'étape est de cinquante kilomètres à travers de magnifiques forêts. A mi-route, le rideau d'arbres s'écarte brusquement, découvrant une immensité de forêts, d'eau et de montagnes. A nos pieds, un grand lac immobile s'ouvre comme une plaine blanche au milieu des bois; par derrière, en longues vagues violettes, montent des murailles de plateaux, droites et rectilignes, tristes et uniformes. Dans l'air traîne un jour blême et décoloré, comme un reflet de lune. Sous cette lumière étrange, le paysage prend un aspect extraordinaire; on a une vision de terre morte, de monde extraplanétaire, du pays de la Belle au bois dormant.

Nous sommes à Bolkesjö, presque un village : deux grands hôtels, une ou deux fermes, un *stabur* très curieux. Grâce à la beauté du paysage, ce hameau est devenu une station d'été très fréquentée.

Vers deux heures du matin, passe tout à coup à travers le ciel une lueur brusque, comme si subitement on avait enlevé un écran placé devant le soleil. De minute en minute la lumière devient plus vive; le jour véritable commence, une splendide journée rayonnante de gaîté dans cette verdure féerique.

A neuf heures du matin, j'arrive à Tinoset et, à onze heures, j'en repars sur un petit vapeur pour traverser le Tinsjö, une charmante promenade sur une pittoresque nappe d'eau. Après cela je débarque pour poursuivre immédiatement ma route, toujours en *kariol*, à travers le Vestfjorddal. Ici nous sommes en pleine montagne. Des deux côtés de la vallée s'élèvent d'énormes escarpements rocheux; au-dessus, le Gausta, le point culminant de cette partie de la Norvège (1 884 m.), dresse une large crête balafrée de longues traînées d'éboulis, pareil à un cône volcanique sillonné de courants de lave. Deux heures de route depuis le Tinsjö avant d'arriver à Vaa, le terminus de la route. Là le sol de la vallée bombe brusquement, au-dessus du torrent enserré dans une gorge profonde. Autour, une enceinte de roches grises, fantastique et étrange! Un tonnerre lointain annonce le voisinage de la Rjukanfoss. A mesure que l'on approche, le bruit grandit et devient assourdissant; encore un mamelon et j'arrive en vue de cette merveille de la Norvège. Un mur haut de 105 mètres ferme la vallée; d'un bond le torrent saute l'escarpement et dans sa chute se réduit en un énorme panache d'écume et de poussière d'eau ondulant sous la poussée du vent en nuages blancs. Au printemps, au moment de la fonte des neiges sur les hauts plateaux, le spectacle est impressionnant, étourdissant. La Rjukanfoss n'est pas un mince filet d'eau comme les chutes célèbres de la Suisse, mais une puissante rivière qui culbute par-dessus une formidable falaise. La Norvège est le pays par excellence des cascades. Dans la Scandinavie, la plupart des vallées ont une pente discontinue, composée de sections étagées séparées par des barrages. Par suite, à la sortie de chaque tronçon la rivière forme une chute plus ou moins importante suivant son débit et la hauteur de l'escarpement. Le régime hydrographique actuel datant d'une époque relativement récente, les eaux n'ont pas eu le temps de se creuser un profil régulier dans les roches dures qui constituent la plus grande partie de la Scandinavie. Généralement les vallées norvégiennes sont barrées par deux seuils principaux situés : l'un près de la mer, l'autre à l'entrée de la zone montagneuse. Ainsi le Skienselv — dont le Maanelv, la rivière formant la Rjukanfoss, est un tributaire — est interrompu, dans le voisinage de son embouchure, par plusieurs affleurements rocheux et le seuil qui donne naissance à la Rjukanfoss marque la limite entre la zone habitable

et agricole et la région montagneuse déserte et stérile [1].

Le soir, je redescends à Nyland, avec le projet de
monter demain au Gausta, pour avoir une vue d'ensemble sur toute cette région. Voilà trente-six heures
que je suis debout, toujours en route, et je ne sens
pas la fatigue. Avec ce jour perpétuel on perd l'habitude du sommeil. Je cloue à ma fenêtre un grand
rideau de percaline. Grâce à cette précaution, je peux
dormir à poings fermés; le lendemain, je me réveille
frais et dispos.

Nyland se trouve à 100 mètres environ au-dessus
de la mer, le sommet du Gausta à 1 880, au total une
ascension de 1780 mètres. Si les montagnes de la
Scandinavie ne se dressent pas à une altitude absolue
aussi grande que les Alpes, en revanche, leur hauteur relative est considérable. En Norvège, pour
atteindre une cime de 2000 mètres, l'effort est par
suite presque aussi grand que pour s'élever à 3 ou
4000 mètres en Suisse. Le long du mur de la vallée
l'ascension est rude et pénible; seulement après trois
heures de marche je parviens sur le rebord du plateau : une solitude poignante, une nappe de pierres
s'enflant en molles ondulations, parsemée de blocs
erratiques et de pierres éboulées, mouchetés de
lichens jaunes. Encore une rapide montée et j'atteins
la crête culminante sur laquelle un petit hôtel a été
construit.

Pas un nuage au ciel, l'air est absolument pur et
d'un seul coup d'œil j'embrasse la plus grande partie
de la Norvège méridionale. Le Gausta, isolé en avant

---

1. Au delà de la Rjukanfoss, se trouvent cependant quelques
fermes situées à une grande altitude.

des grands monts, est le Righi de cette région de la Scandinavie.

Le panorama est tout en longueur. A perte de vue, des perspectives de plateaux bleuâtres, des fuites d'horizons infinis, une immensité mystérieuse, une uniformité grandiose comme la pleine mer. Dans le lointain, un pic s'élève solitaire, le Haarteig; telle une île perdue au milieu d'un Océan désert; plus à l'ouest, une coupole neigeuse, le Hardangerjökel, trace une traînée blanche sur le ciel; ce sont les deux seuls points saillants dans cette vaste découverte de pays. A part le Vestfjorddal ouvert à nos pieds, aucune vallée n'est visible au milieu des montagnes. Tout l'espace est rempli de plateaux et de rochers aux croupes molles et fuyantes, entassés, serrés les uns contre les autres. Un pays comme je n'en ai vu nulle part ailleurs, qui ne se rapporte à aucune forme connue en Europe.

Un simple regard sur ce panorama, et les principaux linéaments de la configuration générale de la Norvège apparaissent avec une netteté parfaite. Nulle part aucune crête maîtresse; ici il n'existe pas de chaîne de montagnes, comparable aux Alpes ou aux Pyrénées, d'arête principale donnant naissance à des crêtes secondaires, qui sur chaque versant s'abaissent plus ou moins régulièrement vers les plaines. Du fjord de Throndhjem au Skagerak et de l'Océan à la plaine suédoise, le pays entier est occupé par une énorme masse montueuse, une immense plate-forme rocheuse, d'altitude variable. La surface normale du sol se trouve non plus au niveau de l'Océan, comme dans nos pays, mais à plusieurs centaines de mètres au-dessus de la mer [1], et sur cette haute

1. D'après Broch (*le Royaume de Norvège et le Peuple nor-*

plaine se rencontrent deux accidents de terrain : l'un en creux formant les vallées, l'autre en relief produit par les cimes alpines dressées au-dessus de l'uniformité des plateaux. Un simple chiffre met en évidence la faible étendue des terres basses. Dans la Norvège, au sud de Throndhjem, la surface des champs ensemencés n'est que le centième de la superficie du pays.

Près de la côte occidentale, les montagnes s'élèvent brusquement à 1 800 ou 2 000 mètres, puis vers l'est s'abaissent graduellement par de longs et larges plateaux plus ou moins accidentés, pareils aux marches d'un gigantesque escalier. Une comparaison fera tout de suite comprendre la forme du terrain. La coupe du relief ressemble à celle d'un bastion vertical au-dessus du fossé représenté ici par l'Océan et accessible de l'autre côté par une série de plans inclinés et de plates-formes. La saillie la plus accusée, le mur de la fortification, est formé par une suite de massifs d'aspects très différents, tous situés dans la région littorale atlantique. Au nord, c'est d'abord le Dovre-fjeld, entre la dépression Romsdal-Gudbrandsdal et Throndhjem (point culminant, le Snehætta, 2 294 m.); puis les Alpes du Romsdal et du Söndmöre, qui ne dépassent guère 2 000 mètres, avec le fameux Romsdalshorn (1 556 m.), le Cervin norvégien, enfin, plus au sud, à l'est du Nordfjord et du Sognefjord, le magnifique massif alpin désigné sous le nom général de Jotunheim ou Jotunfjelde (le pays des Géants). Là se dressent le Galdhöpigg (2 560 m.), le plus haut sommet de toute la Scandinavie, les Skagastölstinder, une des crêtes dont l'ascension présente le plus de

végien), la hauteur moyenne de la Norvège peut être évaluée à 490 mètres.

difficultés et toute une série de pics grandioses entourés de magnifiques glaciers. Vers l'ouest, le Jotunheim se trouve précédé par le Jostedalsbræ, le plus vaste glacier de l'Europe continentale. Grande comme trois fois le département de la Seine, cette masse de glace s'étend en larges plaines ondulées au-dessus de fjords grandioses, au fond desquels elle se déverse en puissantes cataractes de glace. Au sud de cette région pittoresque, le relief norvégien est marqué par une suite de massifs assez confus, tels que celui du Filefjeld, franchi à l'altitude de 1 040 mètres par la route de Bergen à Kristiania, à travers le Valders, les Hemsedalsfjelde (1 960 m.), l'Hallingskarv, une énorme muraille de près de 2 000 mètres, longue de plusieurs dizaines de kilomètres. Plus loin, précisément dans l'horizon visible du sommet du Gausta, le terrain s'aplatit pour former le Hardangervidde, un immense plateau, large de plus de 90 kilomètres, d'une altitude moyenne de 1 000 à 1 300 mètres, présentant sur ses bords nord et ouest des escarpements de 19 et de 1 700 mètres. Autour de ce relief s'étend, dans le Telemark, une zone de plateaux et de cimes campaniformes dont la hauteur diminue à mesure que l'on avance vers le sud (voir la carte, p. 55). Tous ces différents groupes montagneux depuis le Jotunheim sont désignés par les géographes norvégiens sous le nom général de Langfjelde (les Longues Montagnes).

Les deux versants de ce puissant relief présentent des aspects différents. Vers l'ouest, le sol disloqué, craquelé dans tous les sens, n'est qu'un hérissement fissuré de gouffres effrayants remplis par la mer. Partout des murs de rochers formidables dressés entre les abîmes des fjords et partout des vallées très courtes, si même il en existe ; un massif de montagnes abruptes, inondé par l'Océan jusqu'au pied des cimes culminantes. Vers l'est, au contraire, des formes de terrain plus douces, des croupes aux perspectives fuyantes, des horizons uniformes de plateaux s'abaissant lentement entre de longues vallées, égayées par des files de lacs. D'un côté, une zone maritime et montagneuse où les industries de la mer sont la principale ressource des habitants ; de l'autre, une région continentale où l'abaissement du niveau du sol permet le développement des cultures et la croissance des forêts. Près de 75 pour 100 des surfaces ensemencées dans la Norvège méridionale sont situées sur ce versant ; ce qui ne constitue pas cependant encore un pays précisément agricole. Dans cette région, l'étendue des champs de céréales est de 1256 kilomètres carrés, soit la quatre-vingt-dixième partie du territoire, proportion néanmoins considérable, comparée à celle de la zone occidentale. Dans cette partie de la Norvège, les cultures n'occupent qu'un deux-centième de la superficie.

Ces montagnes constituent un épouvantable désert. Les habitations permanentes ne dépassent guère 800 mètres, les forêts de pins s'arrêtent à 900 mètres ; au-dessus s'étend une morne étendue de rochers, tantôt déchiquetée en cimes élancées, tantôt étalée en larges masses campaniformes, toute percée de lacs et de tourbières. Bien que ne dépassant pas l'altitude de 2500 mètres, ce relief fait une profonde impression, par l'escarpement de ses parois, notamment sur la côte ouest. S'élevant directement au-dessus de la mer, une cime de 2000 mètres en Norvège produit le même effet qu'un pic de 4000 dans les Alpes perché sur une haute plate-forme. D'autre part, en raison de la position septentrionale du pays, le

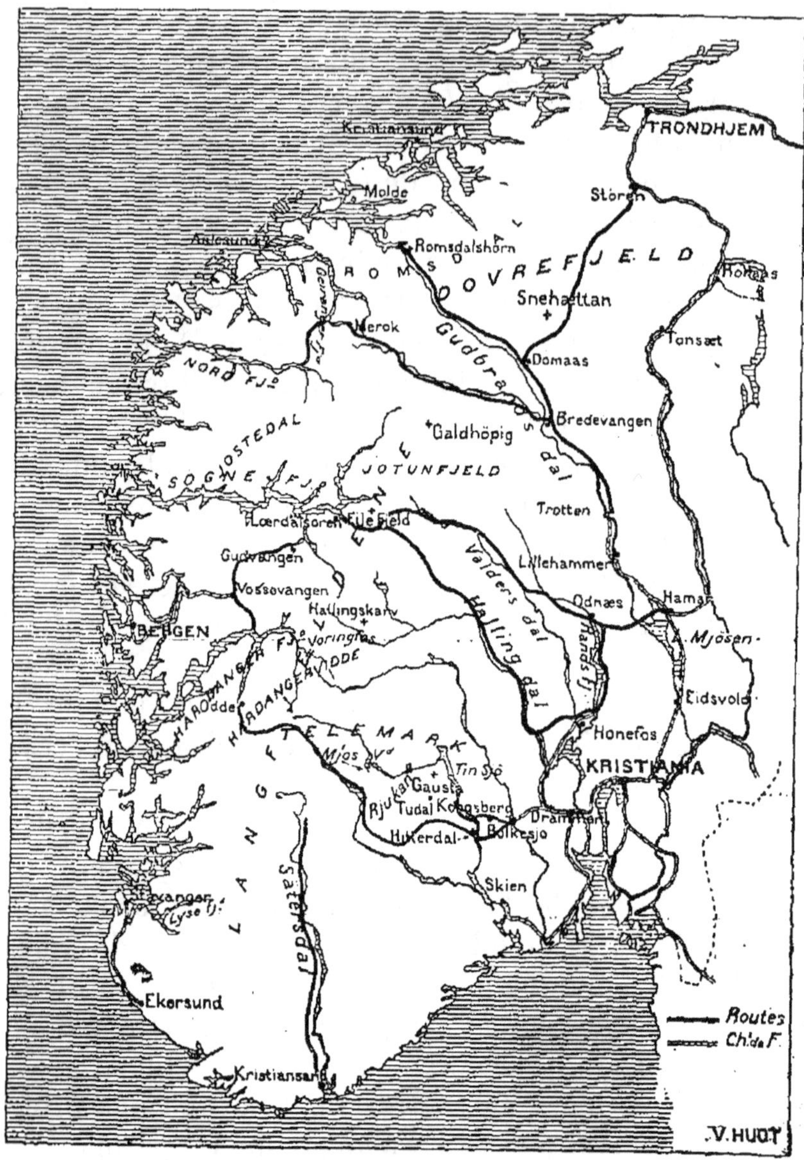

Côte de la Norvège méridionale.

phénomène de la glaciation se produit ici avec une
intensité extrême, à une altitude où les Alpes sont

encore recouvertes de magnifiques forêts. Sur ces montagnes peu élevées comparées à celles de l'Europe centrale, les glaciers occupent 3 000 kilomètres carrés (plus de la moitié du département de la Seine-Inférieure), soit une étendue d'un tiers plus grande que celle qu'ils recouvrent en Suisse [1].

Un dernier coup d'œil au panorama du Gausta et je dévale vers le Tudal, vallée ouverte au sud de la montagne. Le lendemain, pour commencer, vingt kilomètres en *skolkjærre*. Très simple ce véhicule : une caisse montée sur deux roues et garnie d'un banc cloué à l'extrémité de deux arcs de cercle en bois destinés à faire fonction de ressorts. Dans cette charrette, le voyage manque tant soit peu d'agréments. Le Tudal aboutit à Lövheim, sur la route postale du Telemark. Je veux atteindre ce soir même Kongsberg; je n'ai donc pas une minute à perdre et, à peine arrivé, je réclame tout de suite un cheval. Ah bien, oui! la cavalerie est au pâturage, et plus d'une heure s'écoule avant que je puisse repartir.

Sur les bords du Seljordsvand, dans le sud de Lövheim, tomba le 25 novembre 1870 un ballon parti la veille de Paris. Le souvenir de cet événement est resté profondément gravé dans la mémoire des indigènes et jusqu'à Kongsberg ce sera le sujet de nos conversations avec eux. Avec quelle touchante sympathie tous parlent de nos malheureux aéronautes, Rolier et Deschamps, mais tous oublient de dire la chaude réception qu'ils firent à ces naufragés de l'air. Dans la douleur de la défaite, nos deux compatriotes connurent là-bas la joie du triomphe. Les

---

1. Superficie des glaciers de la Suisse : 2 096 kilomètres, d'après Reclus.

Norvégiens furent les derniers à croire à nos défaites et toujours ils sont les premiers à applaudir à nos succès.

La route est animée de nombreux groupes pittoresques. La plupart des indigènes portent le costume national, les hommes des vestes de vadmel blanc, les femmes de grandes coiffes; tous s'acheminent vers l'église d'Hitterdal pour assister au prêche. Au milieu d'une pelouse, une *stavekirke* élève ses clochetons bizarres. Dans ce cadre paisible, animé par une foule archaïque, le monument semble tout à fait étrange. Cette nef antique, ces coiffes blanches, ces figures placides, le sentiment religieux des fidèles laissent une impression de moyen âge. Mon cocher me présente à ses amis, un Français, un Parisien, un compatriote des aéronautes, et tous de répondre: « Soyez le bienvenu dans notre pays », et de me donner de vigoureuses poignées de mains franches et cordiales. Ces braves gens sont heureux de voir un Français et dans leur naïveté profondément étonnés que je ne connaisse pas les aéronautes de 1870.

Un coup de cloche annonce le service, tout le monde entre dans le temple, pendant que je poursuis ma route vers Kongsberg, dans le calme religieux de la forêt.

CHAPITRE III

LA FORÊT NORVÉGIENNE

De Kristiania à Throndhjem. — Le Mjösen. — La forêt de
l'Österdal. — Le plateau de Röros. — Throndhjem. — Une
réception norvégienne.

Dans la matinée, je suis de retour à Kristiania et
quelques heures plus tard je prends le train pour
Throndhjem.

Une voie ferrée unit ces deux villes, traversant du
nord au sud la Norvège par une longue dépression
ouverte au milieu des montagnes comme une voie
naturelle entre les deux versants de la péninsule.
Si cet itinéraire est la moins pittoresque des six
routes qui sillonnent le relief norvégien, il est en
revanche le plus rapide. De Kristiania à Throndhjem
la distance est de 562 kilomètres et en dix-sept heures
l'express effectue ce parcours. La vitesse du train est
seulement de 33 kilomètres à l'heure!

A la gare, foule compacte. Mais rassurez-vous. Sur
trente personnes présentes il n'y a guère plus d'un
voyageur; les autres sont venues simplement accompagner un parent ou un ami. Dans la capitale de la
Norvège, les distractions sont rares, et jamais on ne

manque l'occasion de faire la conduite aux partants.
Une cloche annonce le départ. Aussitôt tout le monde
se serre gravement les mains. Les Scandinaves ne
s'embrassent pas en public; même dans les circonstances les plus poignantes, jamais ils ne se dépar-
tissent de leur calme, et le dernier adieu d'une mère
à son enfant, au moment où il va s'embarquer pour
une longue traversée, est une simple poignée de
main.

Le train gravit péniblement une pente abrupte, puis
débouche sur le plateau du Romerike. Des champs de
céréales, de magnifiques prairies; sur les collines, des
bois de sapins; dans le lointain vaporeux, un horizon
de montagnes bleuâtres; un paysage jurassien.
Jusqu'à Hamar la ligne traverse une des plus importantes régions agricoles de la Norvège. Aux yeux de
mon compagnon de route, un brave indigène du
Nord, cette plaine fertile lui paraît le plus magnifique
pays du monde, celui où il lui semble le plus souhai-
table de vivre. En matière d'esthétique, beaucoup de
ces Scandinaves ont à peu près les mêmes principes
que nos agriculteurs. A leurs yeux, un « beau pays »
est avant tout une terre de bon rapport.

Au delà d'Eidsvold, se découvrent de jolies perspectives sur le Mjösen, le plus grand lac de Norvège [1]. Nulle
part une nappe étendue; resserré entre deux rangées
de montagnes, ce lac ressemble à un large fleuve.
Sur une distance de vingt-cinq lieues, le ruban d'eau
miroite dans un cadre d'admirable verdure. Tout
autour, c'est un étagement de champs cultivés et de

1. Sa superficie est de 362 kilomètres carrés; ses dimensions
sont donc intermédiaires entre celles du Léman et celles du
lac de Neufchâtel.

Throndhjem. Dessin de Weber.

pâturages couronné par la masse sombre des forêts, et au milieu de cette marqueterie jaune et verte de petites maisonnettes blanches ou rouges luisent en taches éclatantes.

Hamar! Trente-cinq minutes d'arrêt! Dîner! Au buffet aucun domestique, les voyageurs se servent eux-mêmes. Chacun se munit d'une assiette, d'une fourchette et d'un couteau, puis ainsi armé s'en va pêcher un morceau dans les plats dispersés sur une table au milieu de la pièce. Une fois votre provision faite, tachez de trouver un petit coin pour vous installer. Maintenant désirez-vous du pain, de la bière ou du vin, il faut encore vous déranger. Le restaurateur ne s'occupe du voyageur ni pour le servir, ni pour le surveiller. Ici, point de portions parcimonieusement comptées, vous pouvez manger de tout et autant qu'il plaira. Il ne vous en coûtera que deux francs. Le buffetier ne vient même pas toucher le prix du repas; chacun passe à la caisse et déclare ses consommations. Dans ce bon pays on n'a pas encore appris à douter de la bonne foi des gens.

L'honnêteté norvégienne, jamais je ne saurais assez l'exalter, et innombrables sont les exemples que je pourrais en donner. Un jour, au moment de quitter une station de poste, un paysan m'apporte un gros paquet pour un de ses parents. Je ne connais ni le destinataire, ni sa maison située à quelque distance de la route. « Qu'à cela ne tienne, reprend le brave homme, près du premier pont que vous rencontrerez, vous verrez à droite un chemin, déposez le paquet en cet endroit. Quand Ole Nielsen passera par là, il le prendra. — Mais si d'autres passent avant lui et s'approprient le colis? » A ces mots, le bonhomme me regarde, ébahi, puis ajoute gravement : « Le nom de Nielsen est sur l'enveloppe ; cela suffit ».

Mais revenons à notre chemin de fer. A partir de Hamar, la ligne est à voie étroite ; une espèce de Decauville qui a l'air d'un joujou.

Toutes les demi-heures le train s'arrête à une station. Une jolie construction en bois ajourée, vernissée, hérissée de toits à pignon de l'effet le plus pittoresque. Ces gares sont des reproductions des types de l'ancienne architecture locale. Les ingénieurs voulant faire œuvre d'art complète ont même remplacé les affreux réservoirs d'eau habituels par d'élégants campaniles en bois dans le style scandinave. Cette ligne est un musée d'art rétrospectif.

Brusquement les riantes perspectives d'une campagne fleurie disparaissent devant un paysage franchement boréal. Au delà de Hamar, nous entrons dans l'austère forêt du nord. Des heures et des heures, le train roule à travers d'épaisses futaies de sapins et de pins, majestueuses et froides dans leur verdure géométrique. De loin en loin, une éclaircie ; une minute ou deux, on aperçoit le Glommen bouillonnant en cascade ou une montagne chauve, puis le train rentre dans le bois triste et mystérieux qui ne finira jamais.

Sous les arbres, un tapis de lichens blancs. Terre, rochers, branches mortes, tout paraît poudré de neige. On a une impression d'hiver au milieu d'une verdure d'été.

De temps à autre, dans une clairière, un *gaard*, un groupe de baraques, peintes de couleurs éclatantes, les unes rouges, les autres jaunes, d'autres blanches. Dans chacun de ces hameaux, vit toute une famille, père, mère, enfants, petits-enfants, formant une

sorte de phalanstère et de clan. Lisez dans Tacite
les mœurs des Germains, vous aurez une description
encore aujourd'hui très exacte de la vie des Norvégiens. Suivant l'expression très juste de M. Vandal,
auteur d'un excellent livre sur la Norvège, un *gaard*
est un appartement composé de plusieurs maisons.
Une baraque sert de cuisine, une seconde d'habitation pour la famille, une troisième est généralement
réservée aux étrangers et aux parents en visite;
autour un alignement de hangars et de magasins.
Souvent à l'écart, sur le bord de la forêt, apparaît
solitaire une pauvre petite cabane, très humble, la
demeure d'un ouvrier agricole, d'un *husmand*. Les
Scandinaves ont un tel sentiment d'indépendance que
les domestiques d'une exploitation rurale ne logent
généralement pas chez les maîtres. Leurs gages con-
sistent en un salaire fixe, très modique (1 fr. 60 par
jour sans nourriture), et dans les produits d'un terrain
dont le propriétaire leur abandonne la jouissance.
Tous les efforts de ces artisans tendent à se constituer un pécule qui leur permettra de construire
une chaumière sur leur concession. Les *gaard* sont
pour la plupart cultivés par leurs propriétaires.
Rarement les exploitations agricoles sont affermées;
sur l'ensemble du pays, 8 pour 100 seulement des
terres sont donnés à bail. D'année en année cette
proportion diminue, tandis que le contingent des
propriétaires augmente sensiblement. Comme dans
tous les pays où la terre est ardemment convoitée,
elle est très morcelée. En Norvège où la surface
des terres à blé est seulement de 185 600 hectares,
le nombre des propriétés rurales dépasse 207 000!
Cette classe si nombreuse de paysans propriétaires
forme tout à la fois le cœur et la tête du pays; c'est

elle qui, par ses votes, décide des destinées de la nation.

Les *gaardmænd* norvégiens ont des idées politiques diamétralement opposées à celles des autres paysans d'Europe ; la plupart sont de farouches radicaux et, par leur vote, les auteurs de la crise actuelle. N'allez pas par exemple leur prêter des tendances révolutionnaires ; propriétaires, ils sont absolument réfractaires aux idées socialistes modernes, mais en même temps ennemis du rôle de l'État tel qu'il existe dans la société actuelle. Nous sommes trop pauvres, disent-ils, pour payer de lourds impôts et pour entretenir une armée de fonctionnaires. Quel besoin avons-nous de tous ces parasites ? — Aucun. La commune souveraine est à leurs yeux l'idéal de l'organisation sociale.

Dans la région que nous parcourons, la principale ressource des indigènes est l'exploitation très rémunératrice des bois. Plusieurs paysans sont, me raconte-t-on, propriétaires de vastes futaies dont la valeur atteint un million. La richesse n'a pas modifié les habitudes de ces braves gens ; ils sont restés simples, avenants pour tous et dédaigneux du luxe.

L'Österdal, la longue vallée suivie par le Glommen, constitue un des districts forestiers les plus étendus et en même temps le plus facilement exploitables de la Norvège. Sur ses flots torrentueux ce fleuve, le plus important du royaume transporte sans dépense les bois jusqu'à son estuaire où de nombreuses scieries les débitent en planches, en parquets, en portes et en fenêtres qui nous sont ensuite expédiés prêts être mis en place. Dans ces établissements vous pouvez même commander un chalet sur mesure ou d'après les trois ou quatre types courants. La Norvège est une Belle Jardinière pour les maisons en bois. La baraque est d'abord construite sur place, puis une fois achevée, démontée; pour la réédifier de nouveau, on n'a qu'à suivre le numérotage des pièces. Toutes les habitations du pays sont établies suivant ce principe, et, lorsque les gens déménagent, ils démontent leur maison et la transportent avec eux aussi aisément qu'une armoire à glace.

Dans une région boisée comme l'Österdal, le gibier est naturellement très abondant : gibier à plume comme gibier à poil. Vous pouvez y chasser toutes les variétés de tétras et de lagopèdes, et, si vous recherchez la grosse bête, vous avez le choix entre l'ours, le renne ou l'élan. L'élan, le plus grand quadrupède sauvage d'Europe, a à peu près la taille du cheval. Sa ramure se compose de deux cornes très obliques, qui ne portent qu'une seule palme. Traqués avec acharnement par les indigènes et poursuivis l'hiver par les loups, ces animaux étaient devenus rares au commencement du siècle. Pour les préserver d'une destruction complète, le gouvernement norvégien a pris la sage mesure de réglementer sévèrement leur chasse.

A l'époque quaternaire, l'élan habitait nos régions; depuis, comme le renne et plusieurs autres espèces animales, il a émigré vers le nord. Aujourd'hui son habitat comprend la Prusse orientale, le Danemark, la Russie septentrionale et la Scandinavie. En Norvège il est particulièrement abondant dans la région forestière du Glommen et du Mjösen [1]. On le rencontre également assez fréquemment dans le Gudbrandsdal. Au nord du 62° de latitude, on trouve quelques élans dans les hautes vallées de la Gula et de la Nid; plus

---

1. En 1892, 310 élans ont été tués dans ces districts.

loin, les forêts du Namdal abritent un grand nombre de ces cervidés. Cette région est même un des meilleurs terrains de chasse [1]. En Norvège, le 65° de lat. N. marque la limite septentrionale de ce quadrupède. Parfois cependant quelques individus isolés poussent plus au nord. Il y a quelques années, un de mes guides lapons en tua un aux environs de l'Ofotenfjord (68° de lat.). Le bonhomme, croyant avoir abattu quelque animal fantastique, s'en alla, tout heureux, montrer son gibier à l'officier de police du district. Mal lui en prit; en tout pays nul n'est censé ignorer la loi et le magistrat annonça au Lapon qu'il était passible d'une amende de cent couronnes ou de dix jours de prison, à son choix, pour avoir tué sans droit un élan. Mon homme n'eut garde de payer un centime, enchanté d'aller visiter la capitale de la province et de pouvoir y faire ses provisions aux frais du gouvernement. Ce voyage gratuit avait laissé les meilleurs souvenirs à mon guide; il aimait à le raconter comme un des événements les plus agréables de sa vie.

La chasse à l'élan est très pénible. A l'aide d'un chien dressé spécialement, on cherche d'abord des pistes pour les suivre ensuite à faux vent jusqu'à ce que l'on ait joint l'animal. Cette quête entraîne de longues marches; souvent le chasseur doit battre la forêt pendant plusieurs jours avant de pouvoir tirer le gibier. En moyenne le nombre des élans abattus annuellement s'élève à un millier [2].

1. En 1892, 360 élans ont été tués dans ce district.
2. Nombre des élans tués en Norvège :

En 1892	1295
En 1891	1051
En 1890	1142
En 1889	862

d'après la statistique officielle de Norvège.

Ce quadrupède vit dans les forêts, le renne au contraire sur les hautes montagnes au-dessus de la limite supérieure de la végétation forestière. En 1876, le professeur Friis évaluait le nombre de ces animaux à l'état sauvage à 6 ou 8000. A cette époque déjà, leur effectif avait considérablement diminué [1]; dans des régions où, cinquante ans auparavant, les troupeaux comptaient de 4 à 500 têtes, on ne rencontrait plus alors que des bandes de cinquante individus au plus. Depuis, d'année en année, ce gibier est devenu plus rare, détruit par l'emploi de fusils à tir rapide et à longue portée et par la méthode de chasse actuelle. Pour éviter les fatigues de pénibles marches à travers les montagnes, les *sportsmen* font construire sur les hauts pâturages fréquentés par les rennes, des huttes d'où ils peuvent les tirer à coup sûr. Les troupeaux traqués ainsi dans leurs retraites sont exterminés ou dispersés en quelques années. Actuellement, dans toute la Norvège, on ne tue guère plus de cinq cents de ces animaux par an [2].

Aujourd'hui des troupes nombreuses de ce cervidé se rencontrent seulement dans les montagnes du

1. Tous ces renseignements sur l'élan et le renne sont empruntés à l'excellent ouvrage du regretté professeur Friis, qui était chasseur aussi intrépide que linguiste distingué : *Tilfjelds i Ferierne*, Kristiania, 1876. Ce livre est accompagné d'une carte indiquant l'habitat de l'élan, du renne et du cerf dans la Norvège méridionale.

2. Nombre des rennes tués :

En 1892	666
En 1891	469
En 1890	655
Fn 1889	472

d'après la statistique officielle de Norvège.

Gudbrandsdal supérieur et du Romsdal [1], ainsi que sur le Hardangervidde [2]. Au sud de ce plateau, dans le Sæterdal supérieur et dans les hautes régions du Telemark [3], le renne est beaucoup plus rare. Dans la Scandinavie septentrionale, il n'existe à l'état sauvage que dans trois cantons, sur les montagnes du Bardodal supérieur, sur les versants nord et ouest du massif du Kebnekaisse et dans l'Alten. Comme j'ai pu en être témoin, les Lapons reconnaissent, même à de grandes distances, les individus sauvages des animaux domestiques. Les premiers sont, disent-ils, plus hauts sur pattes, ont des cornes plus développées et une fourrure plus claire.

Depuis huit heures le train roule dans l'Österdal; toujours point d'autre vue que la forêt d'arbres verts. A mesure que j'avance vers le nord, j'ai l'impression de remonter le cours des saisons. Hier, à Kristiania, régnait une étouffante chaleur d'été; aux environs de Hamar, c'était le radieux épanouissement du printemps; maintenant voici presque l'hiver. A Tonsæt, à minuit (20 juin), le thermomètre marque seulement trois degrés au-dessus de zéro; on grelotte presque. La station se trouve d'ailleurs à une altitude relativement élevée : 498 mètres. Nous montons et la température baisse toujours. Un peu plus loin, elle tombe à $+ 2°$.

Le Glommen n'est plus maintenant qu'un gros torrent obstrué de rochers, bouillonnant en cascades; en même temps les bois deviennent clairsemés. Bientôt

---

1. En 1892, 372 rennes ont été tués dans le Gudbrandsdal, le Romsdal, le Nordmöre et le Söndmöre.
2. En 1892, résultat de la chasse : 80 rennes.
3. En 1892, 56 rennes ont été tués dans le Telemark.

le convoi débouche sur une haute plaine cernée de larges montagnes. Nous arrivons à Röros.

Une impression de pays très froid. Un ciel bleu, clair comme un reflet d'acier, une bise aigre et piquante ; partout une aridité désertique. Pas le moindre coin de terre cultivée, une immense nappe de prairies fangeuses, de tourbières, de flaques d'eau croupissante ; plus loin, de hauts mamelons de sable ; au delà, d'énormes croupes de rochers, cuivrés de lichens, ou luisants de neige : l'aspect morne et désolé d'un haut passage des Alpes.

Ces monticules de sable, alignés en chaîne sur une distance de plusieurs kilomètres, constituent la moraine latérale du grand glacier qui a jadis rempli la vallée supérieure du Glommen. Leur dépôt date de la fin du quaternaire, de la dernière phase de la glaciation. Sous la plus légère brise, ces sables d'une ténuité extrême s'envolent en tourbillons et produisent sur ce plateau glacé l'illusion du simoun. Chassée par les vents, l'extrémité inférieure de la moraine « marche » comme une dune ; pour arrêter ses progrès devant la voie ferrée, des travaux de clayonnage ont été nécessaires.

Situé à l'altitude de 630 mètres, Röros est un des pôles du froid en Norvège. La température moyenne annuelle y est de — 0°,5[1] ; pour trouver un climat aussi rude, il faut aller à huit cents kilomètres plus au nord, dans les paroisses lapones de Koutokeino et de Karasjok. Même sur les bords de l'océan Arctique, autour du cap Nord, les froids sont moins rigoureux et moins longs. Dans cette agréable localité, en

1. Mohn, *Klima-Tabeller Norge. I. Luftens Temperatur*, Kristiania, Dybwad, 1895.

moyenne plus de la moitié de l'année, la température reste inférieure à zéro. Même en juillet et en août, le thermomètre descend au-dessous du point de congélation ; l'hiver, il s'abaisse à — 40° et — 45°. En revanche, la température estivale est quelquefois très haute et peut s'élever jusqu'à une trentaine de degrés.

Autour de Röros sont exploitées d'importantes mines de cuivre. La richesse des gîtes métallifères a déterminé sur ce plateau stérile et en dépit de conditions climatologiques si défavorables la formation d'une agglomération urbaine importante pour le pays. Röros compte 1 700 habitants.

Au delà de la station, toujours des sables et des tourbières ; dans les ravins, de gros tas de neige ; au milieu, des taillis de bouleaux dont les bourgeons ne sont pas encore éclos. A droite et à gauche, de longues palissades destinées à protéger la voie contre les amoncellements de neige. Le terrain s'élève, et le train arrive au sommet du col (670 m.), le point de partage des eaux entre l'Atlantique et la mer du Nord.

Devant nous s'ouvre comme un gouffre la vallée de la Gula. Au-dessus, le plateau s'arrête brusquement en escarpements à pic, crevassé au milieu par une fente profonde. On dirait un cañon semblable à ceux des pays calcaires. Sur tous les passages ouverts entre les deux versants de la Norvège vous retrouvez le même aspect. Le long de la pente orientale, vous vous élevez lentement par de longues vallées étagées, puis, une fois parvenu au point culminant, vous découvrez de l'autre côté un abîme creusé entre de formidables parois de rochers. Pour atteindre le bas de la vallée, la voie, établie à une grande hauteur sur le flanc des montagnes, court en balcon aérien, traverse en tunnel les saillies de rochers, franchit les ravins sur de hauts ponts en bois d'une hardiesse vertigineûse, dominant des prépices de plusieurs centaines de mètres. C'est la partie la plus pittoresque du voyage.

.... Encore quelques tunnels, quelques gorges, puis nous arrivons à la fin de la section montueuse de la ligne. Le train court ensuite à travers la verdoyante Guldal, toute piquée de jolies petites maisonnettes multicolores.. Après le désert, l'oasis.

La rivière culbute en rapide. Aussitôt un de mes compagnons, un Anglais, s'approche vivement de la portière et fixe les tourbillons du torrent avec la plus vive attention ; parfois il pousse un grognement sourd, accompagné d'un hochement de tête, manifestant ainsi comme un sentiment de mécontentement ou de dépit. A chaque remous de la rivière, la même mimique recommence. Ce voyageur, un passionné de la pêche du saumon, a loué, me raconte-t-il, une partie de la Gula et il essaie de découvrir dans le torrent l'objet de ses convoitises. Chaque été, mon homme vient s'installer dans un *gaard* sur les bords de la rivière et pendant plusieurs semaines se livre du matin au soir à son sport favori ; un plaisir qui n'est pas à la portée de toutes les bourses. En gens pratiques, les indigènes savent tirer un parti très lucratif de cette passion britannique. Le prix de location de la rivière est d'abord très élevé : deux à trois mille francs pour le moins, suivant la longueur de la section concédée et l'abondance du poisson ; de plus, les propriétaires se réservent la majeure partie du saumon capturé. A la pêche comme dans tous les sports, le plaisir ne consiste-t-il pas dans la victoire et non dans ses résultats ? Très malins les Norvégiens : ils se font payer un service qu'on leur rend.

Ces conditions léonines n'effraient pas les Anglais; du Lindesnæs à la frontière russe, toutes les rivières à saumon sont affermées par des fanatiques de la gaule. Rien ne peut arrêter leur ardeur; les cours d'eau de la Laponie infestés de myriades de moustiques sont aussi recherchés que ceux de la Norvège méridionale.

A Stören descend ce *sportman*; à sa place monte un Norvégien dernier genre : souliers jaunes, jaquette claire, bien coupée, cravate floche; un élégant. Mon nouveau compagnon promène sur moi, d'un air interrogateur, ses grands yeux bleus; évidemment il voudrait lier conversation. Devant sa longue hésitation je lui adresse la parole en norvégien. Aussitôt sa figure s'illumine; du coup nous voilà amis. La froideur des Scandinaves provient le plus souvent de leur timidité. Craignant d'exciter les moqueries des étrangers, redoutant surtout notre esprit gouailleur, ils se tiennent presque toujours sur une froide réserve, mais allez à eux, adressez-leur la parole, aussitôt vous découvrirez en eux une bonté touchante et une obligeance inépuisable. Que d'amitiés n'ai-je pas formées ainsi au cours de mes huit voyages en Norvège! Et ce n'était pas des relations d'un jour aussi vite oubliées que nouées. D'année en année elles se sont continuées, inspirées par une confiance absolue. Chez le Scandinave, l'amitié est solide, durable et sûre.

Très aimablement mon compagnon m'offre sa place chaque fois que le paysage présente une jolie perspective de son côté. Le Norvégien aime son pays, ses montagnes, ses fjords d'une piété véritablement touchante, et tous ses efforts tendent à faire partager ce sentiment aux étrangers. Aussi combien heureux est-il lorsque vous lui exprimez votre admiration pour cette belle nature du Nord! Pareil compliment lui va droit au cœur.

Mon nouvel ami est le consul X..., un gros négociant de Throndhjem, agent consulaire d'une petite puissance, et non point un fonctionnaire de carrière. Ici quiconque est ou a été agent consulaire de n'importe quel État existant ou disparu dans les remaniements politiques survenus en Europe depuis quarante ans, prend la qualité de consul. Ces agents, qui n'ont de leur vie mis les pieds dans une chancellerie, sont aussi nombreux en Norvège qu'aux États-Unis, les généraux ou colonels n'ayant jamais commandé un peloton. Très curieuse la société norvégienne, un microcosme américain en Europe. Ici mêmes tendances égalitaires, et mêmes recherches de distinctions sociales que de l'autre côté de l'Océan ou qu'en... France.

Le *Storthing* constituant de 1814, hanté par le souvenir de nos assemblées révolutionnaires, fit table rase de l'ancienne hiérarchie sociale en décrétant l'abolition des titres nobiliaires par voie d'extinction. Désormais, à la mort des chefs de famille, les fils aînés n'eurent droit qu'à un titre héraldique inférieur à celui de leur père; à la mort d'un comte, son héritier direct devenait baron et son petit-fils un simple citoyen. Le temps a fait son œuvre : aujourd'hui il n'existe plus en Norvège qu'une seule personne titrée, le baron Wedel-Jarlsberg.

Pareil état de choses ne satisfait pas cependant les descendants des farouches égalitaires de 1814; aujourd'hui les fils adorent ce que leurs pères ont brûlé. Maintenant que les lois ont établi l'égalité, les mœurs donnent un prix inestimable aux distinctions.

Les fonctions à la cour, celles de chambellan ou de dame d'honneur, sont recherchées avec la plus âpre jalousie; les tabourets à la cour du Grand Roi n'étaient pas plus disputés. Ceux qui ne peuvent prétendre à de pareils titres se rabattent sur celui de consul. Pour les négociants, c'est le signe extérieur d'un rang social. Même auprès des paysans égalitaires, la noblesse jouit d'un prestige mirifique. Que de fois des gens m'ont dit : telle année, deux comtes ont parcouru la vallée, ils ont logé chez nous. Une telle visite marquait dans leur vie comme un honneur fait à leurs personnes. Et pourtant quelques-uns de ces *gaardmænd* peuvent traiter de pair avec la véritable aristocratie de par l'ancienneté de leurs aïeux. Plusieurs familles de paysans sont vieilles de trois ou quatre siècles et établies sur le même *gaard* depuis cette époque reculée. Ces modestes agriculteurs sont la noblesse norvégienne et, comme tous les hommes de race, se distinguent par une simplicité de bon aloi.

Le chemin de fer abandonne le Guldal, franchit un monticule, et arrive enfin à Throndhjem : un damier de maisonnettes roses et jaunes entre une montagne verte et un fjord bleu; une ville tout en bois avec des rues très larges; seulement çà et là quelques grandes bâtisses en pierres, étrangères, semble-t-il, à cette plaine de cassines.

Sur le bord du fjord un dédale de rivières et de bassins animé par un mouvement de vapeurs et de bateaux pêcheurs. Autour, sur de hauts pilotis, de grands entrepôts avancent au milieu de l'eau leurs façades barbouillées de couleurs criardes : une Amsterdam en bois. De tous ces canaux et de tous ces magasins sort une exhalaison âcre de morue séchée et de poisson pourri, l'odeur du Nord.

A l'autre bout de la ville, dans une solitude de faubourg, s'élève la cathédrale, le seul monument artistique en pierres de la Norvège, le plus grand édifice religieux de la Scandinavie : une fine fleur gothique épanouie au milieu des frimas du Nord. Ravagée par plusieurs incendies, cette église ne fut plus réparée après la Réforme. Les rationalistes luthériens pensaient faire œuvre pie en laissant détruire ce symbole de la superstition des temps passés. Depuis plusieurs années une restauration rigoureusement exacte a été commencée ; les parties achevées peuvent déjà donner une idée de la splendeur de l'œuvre.

Autour de la cathédrale une verdure soignée de parterres fleuris ; sous des bouquets d'arbres des bancs ; une impression de square, si des tombes ne nous indiquaient un cimetière. Dans les villes du Nord, le champ des morts est un joli jardin que chaque samedi les familles viennent parer.

Parmi les autres curiosités de Throndhjem signalons le Palais Royal, la plus grande baraque en bois qui ait, dit-on, été construite, et un petit monument élevé à la mémoire de Tordenskjöld, le héros des guerres maritimes contre le Danemark. Son seul mérite est d'être la statue la plus septentrionale du monde.

Dans l'après-midi, je loue une *kariol* et vais me promener au Lerfoss, une superbe cascade à 5 kilomètres de la ville. La Norvège est la patrie des chutes d'eau. Point de vallées qui n'en renferment une série aussi variée qu'abondante. Partout la puissante ossature de rochers qui constitue le sous-sol perce le mince épiderme des terres superficielles et oblige les cours d'eau à sauter ses saillies, et ce ne sont pas de maigres torrents anémiés par la sécheresse comme en Suisse, mais de larges rivières copieusement alimentées. Quoi qu'il en soit, à mon avis, dans tous les pays du monde les cascades n'offrent aucun intérêt ; qui en a vu une les a toutes vues. La hauteur de la chute est plus ou moins grande, le volume des eaux, plus ou moins considérable, le spectacle reste toujours le même ; seul le degré d'étourdissement causé par le bruit de la cataracte varie. En vain je cherche à découvrir la beauté de ces phénomènes hydrographiques. Les barrages de rochers qui leur donnent naissance sont en somme des verrues formées à la surface de la terre ; or, puisqu'on n'admire pas les difformités du corps humain, je ne vois pas la raison de s'extasier lorsqu'elles se produisent dans la nature.

Le charme de cette promenade est tout entier dans la merveilleuse campagne qui s'étend autour de Throndhjem. Auprès de ce vert profond, les herbages de Normandie paraîtraient des paillassons, et partout des foisonnements de fleurs dont l'éclat frappe les yeux les moins observateurs. Ces colorations remarquables sont le résultat de l'action constante de la lumière sur les végétaux.

L'éclairement continu pendant l'été exerce sur la flore des influences extrêmement curieuses. Non seulement il a pour effet d'accélérer singulièrement l'évolution des plantes, mais encore il détermine chez elles de singulières modifications morphologiques. A mesure que l'on avance vers le nord, à mesure par suite que le jour continu de l'été est plus long, les dimensions des feuilles deviennent de plus en plus grandes, leur coloration plus foncée, en même temps que les fleurs acquièrent une vivacité de teintes absolument inconnue sous nos latitudes méridionales.

Et, au milieu de ces prairies, partout des champs de céréales et partout des vergers. Le bassin du fjord de Throndhjem est d'une fécondité merveilleuse pour sa position septentrionale. Nous sommes en effet ici sous le même parallèle que l'Islande, cette grande île couverte de glaces et de laves, où la végétation se réduit à quelques taillis de bouleaux et à quelques saulaies épars dans la grande solitude pierreuse. La côte ouest de la Scandinavie jouit d'un climat d'une douceur exceptionnelle. Cette situation météorologique privilégiée, elle la doit, comme on sait, au Gulf-Stream et en second lieu à la forme topographique des fonds dans la mer voisine, qui permet aux eaux chaudes d'exercer le maximum de leur effet thermique sur le milieu ambiant.

Tous ces fjords qui échancrent la côte de Norvège sont de véritables abîmes ouverts au milieu des montagnes. Dans celui de Throndhjem, la sonde descend à 540 mètres, dans le Romsdalsfjord à 439 mètres et dans le Voldenfjord (Söndmöre) à 721 mètres. Enfin le Sognefjord contient des fosses de 1 244 mètres, un chiffre absolument effrayant pour d'aussi étroits bras de mer. Loin de se prolonger vers l'Océan, comme on pourrait le supposer, ces cavités sont fermées à leur embouchure par un plateau sous-marin. Cette plate-forme, située à une profondeur moyenne de 200 mètres, s'étend tout le long de la côte, affectant partout une remarquable régularité : nulle part on n'y trouve de nivellation importante. C'est une plaine inondée absolument unie dans certaines régions. Au nord-ouest du cap Stadt, sur une distance de 120 kilomètres, elle est si complètement plane que, si elle venait à se soulever, on pourrait y établir un chemin de fer dont la pente ne dépasserait pas

1/172[1]. A une distance de terre variable suivant les régions, ce plateau se termine brusquement au-dessus de la grande cavité océanique située entre Jan-Mayen, l'Islande, les Ferö et l'Écosse. A un intervalle de quelques milles marins on passe de fonds de 150 à 200 mètres à des abîmes de 700 ou 1 000 mètres.

Un large seuil sous-marin sépare ainsi la grande cavité de l'océan Arctique de la zone côtière et des bassins des fjords. A ce barrage est due en partie la douceur du climat littoral norvégien. Le plateau arrête les eaux froides qui occupent les abîmes de l'océan Arctique, et ne laisse passer que les eaux superficielles chaudes du Gulf-Stream. Par suite, toujours la nappe qui baigne la côte de Norvège a, dans toute son épaisseur, une température supérieure à 0° de plusieurs degrés, et réchauffe l'air ambiant. Ce n'est pas tout : les cuvettes fjordiennes isolées par la plate-forme littorale des eaux froides des profondeurs océaniques, se trouvent entièrement remplies par les apports du Gulf-Stream et contribuent également à élever par rayonnement la température de l'air. La disposition topographique des fonds multiplie ainsi en quelque sorte les effets thermiques du Gulf-Stream. Mais ce n'est pas le seul avantage que l'existence de ce plateau sous-marin assure à la Norvège. Comme je l'expliquerai plus loin, il constitue de plus un milieu particulièrement favorable à la vie organique et devient le séjour de bancs innombrables de poissons. Cette plate-forme tempère d'une part le climat du pays et de

1. A. Helland, *Jordbunden i Romsdals Amt.*, Kristiania, 1895, p. CXIX.

l'autre assure aux habitants une source de richesse féconde.

Le soir, souper à la campagne chez un de mes amis. Très amusante, la maisonnette : un chalet rose, au milieu d'un superbe jardin. Toujours la même impression ; impossible de se croire aussi loin vers le nord, à la même latitude que les banquises grönlandaises !

Au souper, notre hôte occupe le haut bout de la table ; les deux places d'honneur sont à ses côtés. La maîtresse de maison est perdue à l'autre extrémité, affairée à surveiller la domesticité, aidée dans cette besogne par ses filles, qui à tout instant se lèvent pour servir les invités ; une survivance des temps héroïques du moyen âge : les belles versant l'hydromel aux guerriers, à cela près qu'ici les guerriers sont de paisibles bourgeois en habit noir et l'hydromel du bordeaux et du sherry.

La femme mariée n'a pas ici la prééminence qu'elle occupe dans notre société. Dans les réunions mondaines elle n'attire pas les hommages plus ou moins intéressés et ne tient pas la première place. Du jour de la bénédiction nuptiale elle a renoncé au désir de plaire ; désormais elle n'a plus que les ambitions d'une bonne ménagère et d'une tendre mère de famille. Pour elle, le mariage est comme une prise de voile, un vœu de se consacrer désormais tout entière à celui qu'elle prend pour époux. Les Parisiennes seront sans doute très étonnées d'apprendre que toujours j'ai entendu les Norvégiennes faire l'éloge de leur mari. Toujours dans leur bouche les mots : *min Mand* (mon mari), prenaient une inflexion de tendresse, d'attachement et de respect que l'on sentait inaltérables. En Norvège, les mauvais ménages sont extrêmement rares.

Dans les réceptions, le mari a le premier rôle. Il fait les honneurs, dirige la conversation; rarement la voix de la maîtresse de maison s'élève pour y prendre part. Son unique souci est de donner aux invités une haute idée de ses talents de ménagère. A peine à table, l'amphitryon salue à la ronde les convives et vide son verre en prononçant le sacramentel : « *Vel kommen til bords*, Soyez les bienvenus à ma table ! » Et tout le monde d'avaler en chœur une rasade pour répondre à la politesse. Cinq minutes après, le feu recommence. *Herr Rabot! Skaal!* L'amphitryon lève son verre, s'incline, avale une lampée, les yeux braqués sur moi, élève une seconde fois son verre, puis nouveau salut avant de le reposer, tout cela avec la gravité d'un rite. De mon côté, je dois répéter simultanément les mouvements de mon ami. Ensuite, à mon tour de porter la santé du maître, puis celle de la maîtresse de maison ; enfin, pour observer les règles de la politesse scandinave, je dois échanger des *Skaal* avec tous les assistants. Nous sommes douze convives ; total : vingt-deux rasades. Et sur la table pas une carafe. Demander de l'eau, c'est dire à votre hôte que son vin est détestable. Pour voyager dans ce pays-ci, il faut être capable de porter la toile. A Throndhjem, où la société se pique de connaître les usages, à chaque toast il est permis de ne boire que quelques gorgées ! Dans le Nord, une pareille conduite devient une grossièreté, la politesse veut que l'on vide entièrement son verre.

Au champagne, *speech* du maître de maison ; il m'adresse tous ses souhaits de bon voyage et d'heureux succès dans mes recherches, accompagnés d'un dithyrambe, heureusement fort court, sur la science. Du haut en bas de l'échelle sociale, les Norvégiens s'intéressent aux sciences naturelles; ici un botaniste n'est pas un chercheur de simples, et un géologue, un pauvre d'esprit qui s'amuse à casser des cailloux. Pendant les loisirs du long hiver, tous ces commerçants ont lu des livres de vulgarisation, souvent même des traités techniques, et de ces lectures ont gardé une curiosité éveillée. L'intérêt qu'ils prennent aux recherches scientifiques, ils ne le manifestent pas seulement en paroles, mais par des dons et des subventions pécuniaires. Le Muséum de Bergen, par exemple, reçoit des contributions des notables de la ville. Incontestablement dans toutes les différentes couches sociales le niveau intellectuel est plus élevé que dans nos pays qui se piquent de marcher à la tête de la civilisation.

A l'exemple du maître de maison, plusieurs invités tiennent à porter des toasts. Ici pas de fête sans discours. Le café est servi dans le jardin. L'air est doux et calme, les femmes circulent en cheveux, les hommes sans pardessus. Toujours cette lumière étrange, irréelle, extra-terrestre. A dix heures et demie, le soleil luit encore terne et jaune, pareil à un pauvre astre malade; le ciel est rose, les lointains violets, et toutes ces clartés sans vie paraissent des reflets de jour mort. Il semble que tout va s'éteindre dans une tristesse infinie.

Les jeunes filles entament des chœurs norvégiens graves et recueillis, une musique religieuse. Dans le grand silence d'inexistence qui nous enveloppe, les voix montent en phrases d'une mélancolie pénétrante comme une plainte d'une désespérance infinie, comme un dernier chant avant la fin du monde.

A onze heures, nous redescendons à Throndhjem. Le pauvre soleil s'est couché derrière les montagnes,

laissant derrière lui une traînée de lueurs incolores.
L'obscure clarté du poète devient une réalité. Elle
donne en effet la sensation de l'obscurité, cette douce
lumière blanche, diaphane, qui semble filtrer à travers un globe dépoli. On peut encore lire facilement
un journal et cependant on a conscience de la nuit.
Dans cette pâleur, les rues s'allongent vides et désertes ; pas un bruit, pas un passant ; une impression
de mirage, d'apparition qui va bientôt s'évanouir. Et
tout entier à mon rêve, je marche, étonné, incertain
de la réalité des choses, doutant presque de la vie.

CHAPITRE IV

LA TOURNÉE DES FJORDS

Le fjord de Throndhjem. — Kristiansund. — Molde. — Les
Alpes du Romsdal. — Le Romsdalsfjord. — L'émigration
norvégienne. — Le Romsdal.

A minuit je m'embarque à bord d'un paquebot qui
se dirige sur Bergen en faisant escale aux principaux ports situés sur la route : Kristiansund [1], Molde,
Aalesund. Dans la Norvège occidentale point de voyage
sans traversée; ici la mer est la principale voie de
communication. Les canaux de l'archipel côtier, les
lede, comme on les appelle, constituent les routes
nationales et les fjords les chemins vicinaux. Par
toutes ces longues baies aux mille ramifications
bizarres, la mer pénètre au milieu des âpres montagnes stériles comme le sang à travers le réseau
artériel d'un organisme. L'océan est le sang qui fait
vivre ce pays. On peut juger du reste de l'importance de la mer dans l'économie de la Norvège par

1. J'ai adopté l'orthographe : Kristiansund, Kristiania, tandis
que beaucoup d'autres auteurs écrivent : Christiania et Chris-
tiansund. L'orthographe norvégienne n'a pas de règles fixes et
invariables.

la position des villes. Sous toutes les latitudes elles sont situées sur les grandes voies naturelles. Prenez une carte, cherchez les principales agglomérations urbaines de la Scandinavie; presque toutes vous les rencontrerez sur le bord de l'Océan : Kristiania, Bergen, Throndhjem, Drammen, Stavanger, etc. Sept seulement se trouvent dans l'intérieur des terres, et à elles sept elles réunissent seulement un chiffre de 15 000 habitants, tandis que la population des ports dépasse 452 000 individus.

Je reste toute la nuit sur le pont. Le paquebot est absolument encombré de voyageurs et je n'ai pu trouver place dans aucune cabine. Pas un instant je songe à me plaindre de ce contretemps, le spectacle est si grandiose et si prenant dans cette solitude! Tous les Tartarins dorment en bas; pas un n'est là, heureusement, pour troubler par ses réflexions saugrenues cette vision extra-terrestre.

Est-ce le jour, est-ce la nuit? Sommes-nous sur terre ou sommes-nous le jouet d'une hallucination? Un ciel jaune, des terres mauves, une mer d'opale; tous ces tons très atténués par l'enveloppement d'une fine buée blanche. La brise est tombée; dans l'eau point d'autres ondulations que les volutes moirées du sillage qui peu à peu s'affaiblissent et s'effacent dans la lourdeur de la mer immobile. Telle la vie de l'homme. Comme ce grand navire, il marche en avant, il peine, il travaille et le sillon qu'il a tracé au prix de tant d'efforts se referme derrière lui sans laisser de traces.

Une torpeur profonde enveloppe l'espace, et sur la nappe endormie le vapeur glisse silencieusement comme le vaisseau fantôme, sans heurt et sans combat contre la vague.

Le fjord de Throndhjem n'a la réputation ni du Sogne, ni du Hardanger. Ce n'est pas en effet un de ces extraordinaires accidents de terrain, comme il y en a tant sur la côte de Norvège, qui frappent de stupeur en laissant l'impression d'une monstruosité de l'écorce terrestre. Le paysage est ici très simple; figurez-vous un vaste lac sur lequel sont greffées d'autres nappes, unies par d'étroits goulets; un chapelet de grosses gemmes au milieu d'une campagne fleurie entourée de forêts et de rochers pittoresques. Une fois sortis du fjord, le spectacle devient tout à fait étrange. Nous retrouvons l'énigmatique archipel côtier, le *skjærgaard* entrevu pendant la traversée de Kristiansand à Kristiania, mais ici beaucoup plus aride et plus sauvage. Nulle part un bouquet d'arbres, à peine quelques bouts de gazon maladif entre des monticules de pierres. De tous côtés des chaussées de cailloux bizarres, et dans toutes les directions, des tas d'îles et des rondeurs de rochers pareilles à des têtes de vis colossales enfoncées au milieu de la mer. A la surface de l'Océan semble être tombée une pluie d'aérolithes dont les extrémités seules émergent au-dessus des flots.

Partout et toujours le spectacle reste pareil; cependant, des heures et des heures on demeure absorbé dans sa contemplation, tant il est étrange et fantastique. Sur la côte, le paysage ne charme jamais, mais toujours il ébahit.

Le vapeur suit un chenal au sud d'une très grande terre (Hitteren), puis au delà recommence la poussière d'îles. Autour de Smölen leur nombre s'élève à 2 600, toutes basses et toutes constituées par des rochers, et dans ce chiffre ne sont pas compris 355 « cailloux » qui dressent à fleur d'eau leurs têtes perfides. D'après le professeur Helland, le département de Romsdal compterait plus de huit mille îles, et, en ligne droite, du nord au sud, le développement de côtes de cette circonscription ne dépasse guère 160 kilomètres. Dans un pays aussi incompréhensible l'imagination populaire a été naturellement féconde en légendes cosmogoniques. Après avoir créé l'univers, racontent les indigènes de Smölen, Dieu avait encore aux doigts un petit morceau de terre. Pour s'en débarrasser il secoua la main, et, en tombant à la surface de la mer, la pluie de particules minérales forma Smölen et l'archipel qui l'enveloppe [1].

Au milieu de ce désert d'eau et de rochers incultes, quel n'est pas l'étonnement d'apercevoir des maisons! Toutes sont isolées et espacées à de grandes distances; de véritables habitations de Robinson. Sur le bord de la mer comme dans l'intérieur des terres, le Norvégien fuit le contact de ses semblables. L'homme a été attiré ici par la richesse des pêcheries. Dans cette région, la fécondité de la mer supplée à l'indigence de la terre. Elle assure aux habitants le pain quotidien et chaque année l'arrivée des bancs de morues et de harengs leur procure d'abondantes ressources. Cette côte pierreuse est le centre des plus riches pêches de morue de la Norvège méridionale.

Aussi bien, l'archipel et le bord même de l'Océan sont-ils beaucoup plus habités que les bassins des fjords. Dans le département de Romsdal les communes situées sur le littoral sont trois fois plus peu-

1. A. Helland, *Jordbunden i Romsdals Amt*, Kristiania, p. xcix.

plées que celles de l'intérieur; dans les premières, la population kilométrique s'élève à 16,4, tandis que dans les secondes elle ne dépasse pas 5,2. Et ce n'est là qu'une moyenne. En réalité, les différences sont beaucoup plus accusées. Ainsi la commune de Sandö, sur des îles du Romsdal, compte jusqu'à 54 habitants par kilomètre carré, tandis que celle de Sundal, située au milieu des montagnes, ne renferme que 1,62 habitant pour la même superficie [1].

Au sud de Smölen, le chenal d'îles s'égrène et disparaît noyé dans le grand horizon de l'océan. Le rempart protecteur de l'archipel côtier présente une solution de continuité. Aussitôt la surface immobile de l'eau se plisse de lourdes ondulations. Soulevé par la houle, le paquebot roule et titube, comme un homme ivre. Une heure de roulis, puis nous entrons dans un nouveau chenal. Nous doublons un cap; à peine l'avons-nous dépassé que soudain nous sommes enveloppés par une puanteur de poisson pourri. Ces effluves fétides annoncent l'approche de Kristiansund. Dans ce port sont centralisés les produits de la pêche à la morue qui a lieu au printemps sur la mer voisine, et tous ces poissons séchés et salés ne fleurent pas précisément la rose. Cette âcre senteur, c'est l'odeur nationale de la Norvège, et jusqu'au large le vent la porte comme dans d'autres pays il pousse en pleine mer le parfum enivrant d'une flore capiteuse.

Très pittoresque Kristiansund. Une ville essaimée sur trois îles; autour des canaux, des rangs de magasins perchés sur pilotis et dans ce cadre de cité lacustre un mouvement incessant de chargements

1. A. Helland, *loc. cit.*, p. xii.

et de déchargements, de barques de pêche et de canots à vapeur, une Venise boréale en planches. Si rien n'est plus amusant que le port, rien n'est plus ennuyeux que la ville, comme du reste Throndhjem, Kristiansand et Kristiania. Des rues monotones, des maisons banales, aucun monument, aucun vestige du passé. Kristiansund n'est qu'un grand entrepôt de poisson et un comptoir d'affaires.

Derrière la ville on aperçoit encore d'autres îles et d'autres canaux, un labyrinthe de fjords et de terres qui constitue le pays de Nordmöre, une région très pittoresque, restée jusqu'ici à l'abri de la banalité.

Après une courte escale, le paquebot se remet en route pour doubler le Stemshest, un des promontoires les plus dangereux de cette mer semée d'écueils et de courants redoutables. Le passage n'est protégé par aucune île. De Throndhjem à Bergen, l'archipel côtier présente de fréquentes brèches et sur des distances plus ou moins grandes on doit traverser des bras de mer entièrement à découvert. Pour les personnes au cœur sensible le voyage manque donc d'agrément. Rarement dans ces parages l'océan est paisible; même par temps calme il se lève en longue houle comme pour attaquer avec force les rochers qui l'enserrent et sous la moindre brise il s'agite de spasmes violents qui répercutent leurs effets sur l'estomac des passagers.

.... Deux heures plus tard. Des îles apparaissent, et peu à peu cernent de nouveau la mer dans leur enceinte protectrice. Voici Gossen, une terre toute basse, jalonnée de monticules de mottes de tourbe; à côté, Otterö, une île très haute accidentée de pics aigus, un morceau de montagne au milieu de la

Carte de la région comprise entre Throndhjem et le Sognefjord.

mer. La terre s'incurve et nous entrons dans le Moldefjord qui se prolonge par le Romdalsfjord, un des fjords les plus curieux de cette terre extraordinaire.

Au bout d'une nappe luisante d'eau calme, devant une moire de verdure se lève un amphithéâtre de montagnes grandioses, un hérissement sauvage de pics déchiquetés, diaprés de neige et de glace. Imaginez une chaîne de Suisse et de Savoie dressée à pic sur le bord de la mer. A plusieurs reprises déjà j'ai employé cette comparaison. Seule en effet, elle peut donner une idée précise de ces paysages. Les cimes farouches que nous découvrons sont les Alpes du Nordmöre, du Romsdal et du Söndmöre. De la frontière du département méridional de Throndhjem au Nordfjord s'étend la zone alpine la plus caractérisée de la Norvège avec le Jotunheim. Sur tout ce vaste espace le sol est disloqué, partout dressé en crêtes vertigineuses, et partout déchiré de gouffres effroyables remplis par la mer. Les cimes du Romsdal n'atteignent pas une altitude très considérable, comparée à celle des géants de la Suisse ou du Dauphiné, mais elles s'élèvent directement au-dessus de la mer ou de vallées très basses en escarpements vertigineux. Souvent d'un tel jet le roc monte à 15 ou 1 600 mètres, à pic en un mur fantastique. Si bien que dans les chalets situés au pied de ces falaises on en aperçoit le sommet par le trou de la cheminée. Un jour, rapporte une légende, un paysan avait perdu ses brebis sur la montagne. Après de longues recherches infructueuses, rentré dans son chalet, il s'assied sous l'ouverture ménagée dans le toit pour laisser passer la fumée du foyer, et demande à sa femme de la bière. Bientôt après, quel n'est pas son étonnement de voir l'image du troupeau égaré se refléter dans son verre comme dans un horizon artificiel. Le bonhomme lève les yeux en l'air et par le trou du toit aperçoit ses moutons perchés sur les rochers qui dominent l'habitation!

Ces vallées étroites encadrées de cimes abruptes sont naturellement fréquemment balayées par des avalanches. Chaque printemps des masses de neige tombent des pics et causent parfois de grands dégâts. Beaucoup plus redoutables sont les éboulements de rochers. Sous l'influence combinée de la chaleur et du froid, ces aiguilles et ces crêtes s'effrittent et s'écroulent en pluie de pierres dans les vallées. Parfois il arrive que ces avalanches barrent les rivières et par suite déterminent des inondations redoutables, lorsque la digue ainsi formée vient à céder.

La plus haute cime de cette région alpine est le Benkehö (2008 m.), située dans le Romsdal, tandis que dans le Nordmör le point culminant ne dépasse pas 1 984 mètres (au Skrimkolle) et dans le Söndmöre 1 993 mètres (au Höghorn).

Pour la première fois depuis mon arrivée en Norvège, en découvrant les Alpes du Romsdal, j'aperçois des glaciers; de loin ils font l'effet de taches de plâtre gâché sur les rochers. Le phénomène de la glaciation, localisé dans des dépressions ouvertes au milieu des hautes cimes, donne simplement naissance à des glaciers de second ordre ou de *botn*, pour employer l'expression technique norvégienne [1]. Dans le département de Romsdal, la surface

---

1. Sous le nom de *botn* les Norvégiens désignent les cirques ouverts dans l'épaisseur des hautes montagnes.

totale des glaciers est évaluée à 255 kilomètres carrés
répartis entre plus de 207 localités et la limite cli-
matérique des neiges persistantes peut être fixée
à 1 500 mètres dans le voisinage des fjords et à

Le « Hohenzollern », yacht de l'Empereur Guillaume II.

1 800 mètres dans l'intérieur des terres. Suivant les
observations de Helland, elle s'abaisserait de 15 mètres
par kilomètre dans la direction de la mer. A des altitudes extrêmement basses, notamment dans la région
littorale, la neige se maintient toujours, comme par
exemple dans le Vartdal (Söndmöre), où on en rencontre à la hauteur de 376 mètres [1]; mais ce sont là
des cas très exceptionnels dus à des conditions topographiques spéciales. D'après Helland, dans le dépar-

1. A. Helland, *Jordbunden i Romsdals Amt.*

tement du Romsdal 715 kilomètres carrés seulement sont situés à une altitude dépassant 1 250 mètres; par suite, malgré l'abondance des précipitations atmosphériques, l'étendue des surfaces montagneuses couvertes de glace persistante ne peut guère être plus considérable.

Mais revenons au Moldefjord. Dans ce cadre de hautes montagnes, au milieu d'une fraîche verdure sourit la petite ville de Molde. Aucune bourgade de la côte ne se présente sous un aspect aussi gai et aussi gracieux. De grands hôtels étalent de larges façades claires, et sur la colline verte des maisonnettes mettent partout des taches blanches : un village du lac des Quatre-Cantons.

Ici je quitte le paquebot-poste qui poursuit sa route vers Bergen sans entrer dans aucun fjord. En même temps que moi débarquent une foule de voyageurs. Pour les touristes en provenance du Nord cette ville est le point de départ de la tournée classique dans la Norvège méridionale. De là, les uns vont visiter le célèbre Romsdal et gagnent ensuite le Nordfjord, comme je me propose de le faire ; les autres poursuivent vers le Gudbrandsdal pour rentrer à Kristiania ; d'autres enfin font dans ce port un séjour prolongé. Molde est une des plus agréables stations de la côte et le centre d'excursions charmantes dans une campagne fleurie. Ajoutez à cela que les personnes qui ne craignent pas le froid peuvent y prendre des bains de mer. Exposée en plein sud, protégée des vents du nord par un écran de collines, cette localité jouit d'un climat d'une douceur remarquable. La température moyenne annuelle y atteint + 6°, et, en février, le mois le plus froid, elle s'élève encore à + 2° : le même chiffre qu'en Lombardie! Par contre, en toutes saisons, les précipitations atmosphériques sont abondantes, les tempêtes et les brumes fréquentes. Une moiteur grise presque constante enveloppe la côte du Romsdal. Ce climat est éminemment favorable à la végétation; aussi bien trouve-t-on ici en pleine terre différentes espèces végétales, qui ne peuvent supporter les hivers de l'Europe centrale et les essences ligneuses du pays atteignent-elles une taille extraordinaire. Les environs de Molde sont les îles Borromées de la Norvège.

Cette zone tempérée est étroitement limitée à la région littorale; à mesure que l'on pénètre dans l'intérieur des terres, la température moyenne s'abaisse notablement. Dans les bassins supérieurs des fjords, les froids sont souvent rigoureux et au milieu des montagnes ils deviennent excessifs. A Dovre, situé à cent kilomètres environ au sud-est de l'extrémité du Romsdalsfjord, à l'altitude de 715 mètres, le thermomètre descend en hiver à 30 degrés au-dessous de zéro. L'influence thermique de la mer est mise en évidence par le tracé des isothermes ou lignes d'égale température. Au lieu d'affecter une direction plus ou moins parallèle aux degrés de latitude, toutes ces lignes s'incurvent, au contraire, vers le nord, dans le sens de la longitude. En Norvège, l'aggravation du climat se produit non pas du sud au nord, mais de l'ouest vers l'est. Au point de vue climatologique, le pays est partagé en larges tranches dans le sens du méridien, parallèlement à la côte.

L'excursion classique de Molde est l'ascension d'une des collines contre lesquelles la ville est bâtie en espalier. Ces belvédères embrassent un des plus beaux panoramas du nord, le Romdalsfjord et son enceinte d'Alpes sauvages, une énorme mâchoire

7

carriée par l'humidité de la mer. Entre toutes ces cimes bizarres, le Romsdalshorn (1 555 m.), le Cervin de la Norvège, attire les regards par la sveltesse de sa forme et la hardiesse de ses lignes. De la muraille géante il se détache, pareil à un énorme doigt de pierre, levé en l'air, comme pour indiquer l'entrée de la vallée qu'il domine, et autour de cet obélisque colossal la plus fantastique des crêtes monte au-dessus de l'horizon bleu du fjord dans un rayonnement serein.

Le lendemain à mon réveil je suis étonné par la blancheur diffuse du jour. Je cours à la fenêtre. Plus de montagnes, plus de fjord! Une nappe d'ouate grise remplit le grand vide de la baie, accrochée aux flancs des cimes, partout à la même hauteur. Un couvercle semble posé sur le trou du fjord. Pendant la nuit, la brume de l'Océan glacial a envahi la côte et éteint le radieux ensoleillement de la veille dans une tristesse hivernale.

Dans ces conditions, la traversée du Romsdalsfjord manque totalement d'intérêt. Des raies vertes ou grises suivant que les rives sont formées par des prairies ou par des rochers, c'est tout ce que l'on voit. Il serait aussi agréable de se promener les yeux bandés. De pareilles déconvenues sont, hélas! fréquentes en Norvège, notamment sur la côte ouest.

Le vapeur est le messager du fjord s'arrêtant à tous les hameaux pour prendre ou laisser quelques passagers ou quelques marchandises. A l'une de ces stations nous embarquons une nombreuse famille : le mari, la femme et cinq enfants en bas âge. Tous sont tristes comme s'ils revenaient de l'enterrement d'un proche; plusieurs indigènes qui les accompagnent à bord ont également une mine grave. Au moment du départ, les femmes fondent en larmes et les hommes se serrent les mains avec une expression muette de désespoir ; puis une fois le vapeur en marche, tous agitent leurs mouchoirs en signe d'adieu jusqu'à ce qu'à un détour de la baie ils se soient perdus de vue. C'est, paraît-il, une famille d'émigrants. Longtemps ils ont lutté et soutenu l'âpre combat pour la vie, lorsqu'au printemps une inondation a ravagé leurs champs et anéanti le plus clair de leur revenu. Vaincus par ce désastre, ces malheureux vont maintenant chercher aux États-Unis sinon la fortune, du moins le pain quotidien. Ils vont rejoindre au Minnesota des parents établis depuis longtemps dans cet état et espèrent, grâce à leur appui, trouver là-bas facilement un travail rémunérateur.

La Norvège est trop pauvre pour nourrir tous ses enfants. D'année en année, l'effectif de ses habitants s'accroît rapidement. La période du doublement de la population est ici seulement de 61,7 ans, tandis qu'en France, la faiblesse de la natalité la réduit à zéro ; dans aucun pays d'Europe, elle n'est aussi courte. Les Scandinaves sont prolifiques ; les familles de cinq, six, sept, huit enfants et même plus, ne sont pas rares ; néanmoins en Norvège le nombre des naissances est loin d'être aussi élevé que dans d'autres pays ; il ne dépasse guère 31,4 par mille habitants, et par suite est inférieur à la moyenne constatée pour l'Europe (38,4). L'accroissement de la population est due à la faiblesse de la mortalité. La Norvège est le pays où l'on meurt le moins. Par 1 000 habitants on n'enregistre annuellement que 17,6 décès, tandis que dans le reste de l'Europe, cette proportion atteint 20 ou 25 et même 32 en Russie. Certaines années, le nombre des morts demeure inférieur à cette moyenne ; en 1895, par exemple, on a enregistré moins de 16 décès par mille habitants. L'excédent annuel de la natalité sur la mortalité est donc très élevé ; en 1895, il a atteint le chiffre de 32189 et l'année précédente de 34355. La même proportion en France déterminerait une augmentation annuelle de population s'élevant à 130000 individus, et nous savons que nous sommes loin de ce résultat.

Les ressources de la Norvège ne grandissent pas en raison de l'accroissement rapide du nombre de ses habitants. La plus grande étendue du pays reste rebelle à tout défrichement, la terre arable fait défaut, et sauf dans quelques districts privilégiés, la récolte obtenue au prix de tant d'efforts ne donne qu'un produit peu rémunérateur. Aussi bien, chaque année un grand nombre de Norvégiens s'expatrient-ils à la recherche de moyens d'existence sur des terres plus clémentes à l'homme. Le vieil esprit d'aventure qui animait jadis les Normands vit toujours chez les Scandinaves.

En 1893, le contingent des émigrants a atteint 18778, soit près de 1 pour 100 de l'effectif des habitants. Par contre, dans ces dernières années, cette exode de population vers les pays d'outre-mer s'est ralentie [1]. La plus forte proportion est fournie par la Norvège méridionale. Dans les trois préfectures du Nord (Nordland, Tromsö et Finmark)[2], où les pêcheries sont très rémunératrices, on compte à peine quelques cen-

---

1. Statistique des émigrants :

En 1894	5 642
1895	6 207
1896	6 679

2. 1311 émigrants en 1893, 471 en 1896.

taines de départs. Ces émigrants sont d'excellents travailleurs et on ne saurait trop déplorer que notre administration des colonies n'ait pas essayé d'en attirer un certain nombre dans nos possessions. Il est vrai que les Norvégiens, épris de liberté, s'accommoderaient peut-être mal de l'enfantine tutelle administrative dans laquelle sont tenus l'Algérie et nos établissements d'outre-mer. Presque tous ces émigrants se rendent dans le Wisconsin, le Minnesota, l'Iowa et l'Illinois, où ils constituent de très nombreuses communautés scandinaves. Ainsi la famille que le vapeur a embarquée va rejoindre des parents qui habitent depuis plusieurs années Saint-Paul et qui par leur travail y ont déjà acquis une modeste aisance. La plupart de ces émigrants partent sans espoir de retour; très peu reviennent en Norvège pour y jouir du produit de leurs économies.

Après une promenade de cinq heures dans le brouillard, nous arrivons à Veblungsnæs, un joli village, et une demi-heure après à un autre hameau, Næs, où je débarque. Tous deux sont situés à l'embouchure de la Rauma, à l'entrée du Romsdal. La célèbre vallée s'ouvre là devant nous, mais de ses escarpements sauvages je ne vois rien que des murailles de pierres grises montant dans le plafond de nuages.

Quel changement depuis mon premier voyage il y a seize ans! A cette époque, il n'y avait à Veblungsnæs que deux petites auberges toujours pleines pendant la saison, et Næs n'existait point comme station de touristes. Aujourd'hui une grande baraque d'hôtel a été construite dans cette localité, et d'autres ont été élevées aux environs. Grâce à ces aménagements, chaque année les touristes viennent ici en nombre de plus en plus considérable et chaque année augmentent les sommes d'argent laissées dans le pays par les étrangers. Après la pêche de la morue et du hareng, l'exploitation du voyageur est devenue la principale industrie de la Norvège occidentale. Mais je dois m'empresser d'ajouter que dans cette exploitation les indigènes savent conserver une juste mesure. Au cours de mes huit voyages tant dans le nord que dans le sud, jamais je n'ai eu à me plaindre de la moindre exaction ni de la plus légère tromperie.

Tous ces hôtels en bois sont d'une propreté minutieuse. Les intérieurs, astiqués vigoureusement, reluisent comme des meubles passés journellement à l'encaustique et dégagent une saine odeur balsamique de pin dont l'inhalation guérirait un poitrinaire. Par exemple, la cuisine ne satisfait guère les estomacs français. Certains beefsteaks aux oignons m'ont surtout laissé de fort mauvais souvenirs; des morceaux de viande dure et coriace, pareils à du vieux bouc nageant dans une sauce gluante et fétide, et souvent deux fois par jour on vous sert ce plat répugnant. Si les mets ne sont pas précisément succulents, en revanche les repas sont fréquents. L'ordinaire norvégien aurait fait la joie de Gargantua. La journée débute par le café au lait traditionnel entre sept et huit heures du matin. Une heure et demie plus tard, on se met à table pour le déjeuner (*frokost*), composé d'un plat chaud — généralement le fameux beefsteak —, de viandes froides, d'œufs, de conserves et de fromages. Vous avez le choix entre une vingtaine de soucoupes garnies des restes de la veille. A deux heures a lieu le *middag*, le dîner, avec un menu composé invariablement d'un potage, d'un poisson, d'un rôti et d'un entremets; puis, pour faciliter la digestion de ce copieux repas, on avale une grande tasse de café. Après quoi, les indigènes s'abandonnent à un doux nirvana. Entre sept et huit heures du soir, on se remet de nouveau à table pour le souper composé comme le déjeuner. Tel est l'ordinaire habituel. Maintenant, si un indigène vous reçoit chez lui, pour vous faire honneur, il augmentera non pas le nombre des plats, mais celui des repas. Invité à chasser chez un riche paysan, propriétaire de forêts, je fus, pendant tout mon séjour, condamné à un régime de six repas ou collations. Entre le déjeuner et le dîner mon amphitryon m'offrait les vins les plus généreux de sa cave ; à cinq heures, après la sieste, on dégustait des fruits, des pommes dites astrakanes, transparentes comme de l'albâtre, et une heure après le souper on servait le thé.

24 juin. — Le couvercle de brume s'est soulevé, découvrant les cimes mais le temps reste gris. A vouloir attendre le soleil, je risquerais de demeurer ici une semaine, peut-être même plus. Le régime météorologique de ce pays n'est pas précisément agréable. Parfois, pendant quinze jours de suite les nuages s'étendent au-dessus de la vallée en lourdes pannes, s'élevant un instant vers midi pour retomber ensuite dans la soirée jusqu'à ce qu'ils se résolvent en averses diluviennes. En 1896, à Dovre, la station météorologique la plus voisine du Romsdal dans l'intérieur des terres, le nombre des jours clairs n'a pas dépassé vingt-trois et dix-huit à celle d'Ona à l'entrée du Romsdalsfjord.

Quoi qu'il en soit, à huit heures je monte en *kariol* pour entreprendre une excursion dans le Romsdal. L'équipage est attelé d'un petit cheval râblé, café au lait, à l'œil vif et à la crinière droite. Ce poney dodu appartient à la race des *Fjordhest* (chevaux des fjords). En Norvège, l'espèce chevaline se divise en deux variétés, l'une de grande taille, dite du Gudbrandsdal, dans l'intérieur; l'autre, toute petite, cantonnée sur le bord de la mer; pour cette raison elle porte le nom de *Fjordhest*. Les autres animaux domestiques diminuent également de taille à mesure que l'on s'éloigne de l'intérieur des terres pour se rapprocher des fjords. Il semble que les âpres vents de l'Océan Glacial dépriment les animaux comme les végétaux. Le climat exerce du reste sur les bovidés et les équidés une influence remarquable. Les fameux poneys d'Islande fournissent à cet égard un exemple frappant. Ces chevaux descendent de *Fjordhest* transportés dans cette île au xe siècle, à l'époque de la colonisation scandinave de cette terre. Dans ce milieu pluvieux et embrumé, balayé par la tempête, la race chevaline norvégienne s'est peu à peu transformée en animaux lilliputiens.

Si les *Fjordhest* ne paient pas de mine, en revanche, ils font preuve d'une endurance exceptionnelle. Sans éprouver la moindre défaillance, ils fournissent des étapes de quatre-vingts à cent kilomètres pendant plusieurs jours de suite, et durant ces longues courses à peine mangent-ils quelques litres d'avoine.

En sortant de Næs, la route monte lentement à travers un étagement de pâturages et de champs cultivés. Au-dessus se dressent les falaises colossales du Romsdalshorn et des Isterdalstinder, des murs de 1 500 à 1 800 mètres à pic, excoriés, balafrés de crevasses, cimés de neige. Plus vous avancez, plus ils se rapprochent, il semble qu'ils vont se joindre et vous fermer le passage. On contourne la base du Romsdalshorn et aussitôt une nouvelle paroi appa-

raît, encore plus extraordinaire : la crête des Trolltinder, les « monts des sorciers ». Un escarpement
invraisemblable, hérissé de pics et de pointes qui
semblent avoir été taillés à l'emporte-pièce, une fine
découpure gothique, une extravagante dentelle de
pierre. Et les monts avancent toujours comme pour
serrer la gorge à la rivière.

Dans l'ombre de ces cimes farouches, sous cette
grisaille de pierres et de ciel gonflé d'eau, la vallée a
l'air d'un trou noir; on a la sensation d'entrer dans
une caverne. Si les anciens avaient connu le Romsdal,
leur mythologie y eût placé l'entrée des Enfers. A un
endroit la vallée est tout juste large pour le passage
du torrent et de la route. Au delà de cette porte grandiose on arrive à la station d'Horgjem.

Après avoir laissé le cheval souffler une demi-
heure, je poursuis ma route à travers le défilé.
Toujours à droite et à gauche d'énormes murailles
de pierres, et à la base une merveilleuse verdure, un
tapis de ce vert cru qui n'existe qu'en Norvège. Imaginez un puits dont le fond est tout garni de parié-
taires. Les eaux issues de la fusion des neiges sur
les cimes, rencontrant ces escarpements, sautent en
cataractes vers le bas de la vallée ; de tous côtés vous
ne voyez qu'un poudroiement d'eau. D'un coup d'œil
vous découvrez plus de cascades que n'en renferme
tout un canton de la Suisse.

Pendant trois heures on chemine au fond de cette
fente; tout le temps avec une sensation d'oppression;
entre ces murailles de rochers il semble que l'on
étouffe.

Plus loin, la vallée s'élève, la route monte en zigzags, et, après deux heures d'une pénible ascension,
atteint, à la station de Stueflaaten, le haut du trou

formé par le Romsdal. Là on trouve non pas une crête, mais une nouvelle vallée, ouverte suivant le même alignement que la première et située à un niveau supérieur. Cette seconde vallée est le Gudbrandsdal, qui continue vers le sud-est à travers les montagnes le sillon du Romsdal. Sur ce seuil s'étend un lac, le Lesjeværksvand, dont les eaux s'écoulent vers deux mers différentes. De son extrémité orientale sort le Laugen, qui par le Gudbrandsdal se rend au Skagerak, tandis que vers le nord-ouest s'écoule la Rauma, tributaire de l'Océan. Une ligne d'eau continue traverse ainsi du sud-est au nord-ouest les deux versants de la péninsule scandinave.

Le soir, je m'arrête à la station de Molmen, à 40 kilomètres de Næs. Sur toute cette distance, pas un village, ni même un hameau, rien que des *gaard* isolés; sauf une station télégraphique, nulle part également aucun signe apparent d'administration. Le long de la route, je n'ai vu ni mairie, ni gendarmerie. Les Norvégiens sont le peuple le moins administré de l'Europe. Dans les campagnes il n'existe aucune force de police; il n'en est, du reste, nul besoin par suite de la faiblesse de la criminalité. Par 1 000 habitants les statistiques enregistrent dans les communes rurales moins d'un crime ou délit [1]. Le peuple norvégien a une haute moralité et professe un respect profond de la loi. Lorsqu'un paysan commet une infraction à la loi pénale, il est mis en arrestation par un fonctionnaire civil. Les rouages administratifs sont aussi simples que les formalités judiciaires.

Les communes gèrent leurs affaires elles-mêmes, et dans les campagnes le pouvoir central n'est repré-

---

1. En 1894, 0,68 par 1 000 habitants.

senté que par un seul agent, un *lensmand*, chargé des diverses fonctions dévolues chez nous à trois ou quatre bureaucrates. Il est tout à la fois officier de police, percepteur et représentant de tous les départements ministériels; seules l'instruction publique et les affaires religieuses ne sont point, de son ressort. Notez que ces *lensmænd* sont très peu nombreux. Dans toute la Norvège, grande comme les trois cinquièmes de la France, on n'en compte guère plus de quatre cents. Et ne croyez pas qu'ils soient accablés de besogne. Aux différents degrés de la hiérarchie toutes les fonctions sont également concentrées dans une seule main. Ainsi les préfets (*amtmand*) et les sous-préfets (*foged*) sont en même temps agents administratifs, judiciaires et financiers. L'administration norvégienne est organisée suivant des principes commerciaux; on a voulu produire le maximum d'effet utile avec le minimum de personnes et par suite de dépenses.

..... Au delà de Molmen, le Gudbrandsdal n'offre aucun intérêt, et le lendemain je reviens à Næs en traversant de nouveau le Romsdal.

CHAPITRE V

MONTAGNES ET FJORDS

Les terrasses des fjords et des vallées. — Les périodes gla-
ciaires et le soulèvement de la Norvège. — Du Romsdal au
Söndmöre par la montagne. — L'abîme du Geirangerfjord.
— D'Hellesylt au Nordfjord.

APRÈS le Romsdal, la tournée classique comprend la
visite du Geirangerfjord. Le bassin du Söndmöre,
dont ce goulet constitue la ramification la plus extrême, n'est séparé du Romsdalsfjord que par un
isthme montagneux étroit. A travers ce massif la
vallée de l'Istra ouvre, entre les chaînes fantastiques
des Trolltinder et du Biskop, un passage aussi grandiose que facile, aboutissant à Sylte. Le sentier est
accessible aux chevaux et un mauvais chemin permet
d'arriver en *stolkjærre* jusqu'au pied de la montagne.
Dans ces conditions, je prends le parti de suivre cet
itinéraire beaucoup plus court et plus intéressant
que le trajet par mer. Après les paisibles promenades
dans les vallées et sur les fjords, nous allons maintenant pénétrer dans une autre région, dans le monde
des cimes âpres et farouches.

Le cocher auquel j'avais donné rendez-vous à six

heures, arrive à huit heures et demie seulement. Son cheval fatigué de la course de la veille avait besoin de repos. De plus c'est aujourd'hui dimanche. Inutile de récriminer. Avec mes compatriotes bretons, les Norvégiens sont le peuple le plus entêté de la terre. Quand ils se sont mis une idée en tête, jamais vous ne les en ferez démordre. Avec eux, point de discussion ; toujours ils vous répondront affirmativement, mais vous ne serez pas pour cela plus avancé. Votre cocher, votre guide s'arrangera pour partir à son heure et non à celle que vous lui indiquerez. Essayer d'obtenir quelque chose de l'entêtement scandinave, autant tenter d'entamer un bloc de granit avec les ongles. Vous vous userez sans résultat.

A neuf heures et demie seulement nous partons. En quittant Næs, la route traverse le Romsdal, occupé dans toute sa largeur par de larges et puissantes terrasses. Régulièrement étagées et remarquablement planes, elles semblent les vestiges d'un gigantesque amphithéâtre gazonné. Ces gradins sont un des traits caractéristiques des paysages scandinaves ; partout vous en découvrez sur le bord des fjords comme sur les rives des lacs, à l'embouchure des rivières comme dans les hautes vallées au pied des cimes ; seuls leur nombre et la nature des matériaux qui les constituent varient. Sur les escarpements baignés par la mer ce sont des sillons creusés dans la roche en place ; dans les vallées, des terrasses de cailloux, de sable ou d'argile. Ces formations sont évidemment le produit de variations survenues dans le niveau des eaux à une époque géologique relativement récente, mais l'agent qui a déterminé ce changement de niveau a été différent suivant les régions. Sur les rives des fjords et dans les basses vallées, les sillons creusés dans la roche en place — les *Strandlinie*, comme les appellent les Norvégiens — et les terrasses sont d'anciennes lignes de côtes océaniques.

Depuis le quaternaire le sol de la Scandinavie a subi un exhaussement considérable déterminé par la disparition progressive de la carapace de glace qui a recouvert cette région. Passant d'une température très basse à une température relativement élevée, le substratum rocheux a éprouvé une dilatation dont la valeur numérique correspond précisément à la hauteur des anciennes plages les plus élevées au-dessus du niveau actuel de la mer.

Par suite, pour permettre au lecteur de comprendre la chronologie de ces mouvements de l'écorce terrestre, il est nécessaire de rappeler brièvement les diverses phases de glaciation par lesquelles la Scandinavie a passé.

Pendant la première partie de cette période singulière de l'histoire de notre globe, une carapace de glace s'étendit sur toute la péninsule, et, envahissant la mer du Nord comme la Baltique, recouvrit les îles Britanniques[1], les Pays-Bas, l'Allemagne du Nord, presque toute la Russie et même la Sibérie occidentale. A cette époque, en un mot, l'Europe septentrionale constituait un énorme continent de glace dont seule la puissante carapace cristalline qui recouvre les Terres Antarctiques peut aujourd'hui nous donner une idée. L'extension des glaces sur tout ce territoire est attestée par la présence de blocs provenant de la Scandinavie et qui n'ont pu être transportés dans leurs gisements actuels que par des glaciers.

Dans le cours des temps, cette nappe de glace se

---

1. Sauf la Cornouaille.

retira ensuite peu à peu et finalement disparut. Les montagnes de Norvège se couvrirent alors de pâturages et sur leurs cimes apparurent le mammouth et le rhinocéros à narines‘cloisonnées.

Après cette période tempérée se produisit une seconde invasion des glaciers. Une nouvelle nappe de glace occupa toute la Norvège, la Suède à l'exception de la pointe méridionale de la péninsule, la Baltique et la plus grande partie de la Finlande. Cette seconde phase glaciaire affecta un territoire beaucoup moins étendu que la première. Vers le sud, ses limites sont nettement marquées par une série presque ininterrompue de moraines qui s'étend depuis les environs de Lindesnæs en Norvège jusqu'au Ladoga en Russie, et, vers l'est, par une chaîne de dépôts de même origine que l'on peut suivre à travers la Carelie. En Finlande comme en Norvège, les moraines situées sur les bords de la mer sont toutes stratifiées, c'est-à-dire présentent des couches successives de matériaux divers, preuve qu'elles se sont formées au sein des eaux. A cette époque, que les géologues norvégiens désignent sous le nom de *deutéro-glaciaire*, l'Océan s'élevait le long de la Norvège méridionale à *plus* de 200 mètres au-dessus du niveau actuel. L'aspect de la Scandinavie était alors semblable à celui que présente aujourd'hui le Grönland septentrional, où de larges glaciers débordent sur la mer.

Plus tard, un réchauffement du globe étant survenu, la carapace de glace diminua progressivement et, à mesure de son retrait, le continent se souleva. Ce mouvement paraît s'être produit en trois saccades successives, correspondant à trois phases différentes de glaciation.

Pendant la première de ces trois périodes de régression, pendant la période *épiglaciaire*, comme on l'appelle, la coupole cristalline occupe encore toute la partie centrale de la péninsule, le golfe de Bothnie et la Finlande occidentale, mais le long du Skagerak, de la mer du Nord et de l'Océan Glacial, la région fjordienne est déjà en grande partie débarrassée de glace.

La mer se trouve alors à 200 mètres au-dessus du niveau actuel, tout au moins dans la région de Kristiania, la mieux étudiée à ce point de vue. Ses eaux sont froides et sur les plages qu'elles baignent déposent des bancs de coquilles appartenant à des espèces qui ne vivent aujourd'hui que dans la mer de Kara et autour du Spitzberg.

Le climat devenant de plus en plus chaud, les glaciers reculent vers les hautes cimes, et, durant la période suivante désignée par les géologues norvégiens du nom de *post-glaciaire* ou de *sub-glaciaire*, ils ne forment plus qu'une coupole s'étendant à travers la Norvège méridionale, à l'est du relief principal. Le sol subit un mouvement d'exhaussement de 120 mètres. En même temps la température des eaux qui baignent la Norvège s'est notablement élevée. Aux environs de Kristiania, au lieu de la faune de la Nouvelle-Zemble et du Spitzberg, qui caractérise la phase précédente, on trouve sur les anciennes plages correspondant à ce niveau des débris d'animaux marins qui se rencontrent aujourd'hui autour du cap Nord.

A la suite d'une nouvelle élévation de température, l'étendue des glaciers devient de plus en plus restreinte et le continent éprouve un nouveau soulèvement évalué dans la partie méridionale de la Norvège à 60 mètres. La mer, située à un niveau supérieur de 20 mètres à celui qu'elle occupe de nos jours,

forme alors les anciennes lignes de rivage que l'on
voit à l'embouchure des vallées, comme celles qui
bordent la route entre Næs et l'entrée de l'Isterdal.
Sa température doit être sensiblement égale à celle
qu'elle possède aujourd'hui et sur ces anciennes
plages se trouvent les débris de la faune contempo-
raine.

Les vestiges de la carapace glaciaire ayant plus
tard complètement disparu, un nouvel exhaussement continental se produisit, établissant les limites
actuelles entre la terre et la mer.

Le soulèvement survenu depuis la période glaciaire
ne s'est pas manifesté partout avec la même intensité. Dans le département du Romsdal, il ne paraît
pas avoir dépassé 160 mètres. La plus haute terrasse
de la vallée inférieure de la Rauma ne s'élève pas
au-dessus de 159 mètres.

En second lieu, d'après Helland, dans cette région,
on ne distingue que deux horizons d'anciens niveaux
marins superposés, trois seulement en quelques localités ; de plus, le soulèvement aurait été beaucoup
plus accusé à mesure que l'on s'éloigne de la mer [1].

Les terrasses ne sont pas limitées à la zone littorale ; dans l'intérieur des terres, à des altitudes
de 5 à 600 mètres, elles se rencontrent aussi fréquentes et aussi nettes que sur le bord des fjords ou
à l'embouchure des vallées, accompagnant les rivières
ou les lacs sur des distances considérables. La hauteur
de ces formations exclut toute origine marine. Sur
ce point les géologues sont d'accord, mais l'unani-

1. Ainsi la *Strandlinie*, la plus haute dans le bassin supérieur du Romdalsfjord, située à l'altitude de 100 mètres, ne se
trouve plus qu'à 30 ou 40 mètres au-dessus du niveau actuel
dans le *Skjærgaard*.

mité, cesse lorsqu'il s'agit d'expliquer la genèse de ces gradins. D'après l'opinion la plus répandue, les derniers vestiges de la période glaciaire se seraient maintenus non point autour des plus hauts sommets de la Norvège, mais à l'est de cette ligne, formant, du nord au sud, un barrage à travers les grandes vallées du versant oriental. Arrêtées par cette digue cristalline, les eaux se seraient amoncelées en lacs et les gradins que nous voyons aujourd'hui accolés aux flancs des montagnes, sur le bord des rivières, marqueraient les différents niveaux atteints par ces nappes.

Que le lecteur me pardonne cette digression géologique. Elle est justifiée par la fréquence des terrasses dans les paysages norvégiens. Au point de vue pratique, ces gradins ont de plus une très grande importance. Dans une notable étendue du pays, elles constituent la majeure partie du sol arable et partout les dépôts marins fournissent les terrains les plus fertiles. Ici, par exemple, en dehors de ces alluvions on ne trouve pas une culture. De leur couche, distribuée en gradins, le roc sort à pic, absolument nu, pour former les extraordinaires escarpements du Romsdalshorn, des Trolltinder, etc. La séparation entre les terres utiles et la montagne stérile est par suite très nette et en même temps très basse. Sur le bord des fjords les anciennes lignes de rivage tracent une raie précise entre la verdure des prés ou le blondoiement des céréales et la noirceur des rochers.

Autour de Næs et de Veblungsnæs, le sol est très fertile et vaut, prétend mon guide, plus de 2 000 francs l'hectare. La plus grande partie est ensemencée en seigle et en avoine. Comme engrais, les indigènes

emploient, outre le fumier, les têtes de morue séchées
et des laminaires.

En passant devant une maison, notre conversation
agricole est interrompue par un chant de cantiques.
Les gens de ce *gaard* n'ayant pu se rendre à l'église
célèbrent chez eux le service. « Nous sommes un
peuple religieux, croyant en Dieu », me dit Peder.
La religiosité est en effet un des traits les plus mar-
qués du caractère norvégien; en revanche, mon guide
s'exprime très librement sur le compte des pasteurs,
non pas que leurs mœurs ou leur conduite prêtent à
la critique — tous sont d'une honorabilité au-dessus de tout soupçon, — mais à son avis les ministres
de Dieu sont trop préoccupés des biens d'ici-bas.

L'organisation religieuse de ce pays rappelle, par
certains côtés, celle qui existait en France avant la
Révolution. Le clergé est le plus grand propriétaire
foncier de la Norvège. Chaque cure possède un
domaine plus ou moins étendu dont l'usufruit constitue le traitement du titulaire. De plus, les pasteurs
reçoivent de leurs ouailles une dîme. Chacun donne ce
qu'il veut, mais le total de ces offrandes doit atteindre
dans chaque commune un certain chiffre fixé par la
loi. Ces diverses ressources constituent un fort bon
traitement; d'après Broch, en moyenne le traitement
d'un ministre serait de 4 700 francs [1] une somme
énorme pour un pays aussi pauvre que la Norvège.
Aussi bien, si par esprit religieux l'immense majorité
de la population reste attachée à cette organisation,
néanmoins quelques paysans ne peuvent s'empêcher
de jeter un coup d'œil d'envie sur les terres du clergé.

.... Dans l'Isterdal, le chemin devient très mauvais,

---

1. *La Norvège et le peuple norvégien.* Kristiania, p. 246.

Groupe d'enfants norvégiens. D'après une photographie de M. Charles Rabot.

détrempé par le torrent, et couvert de grosses pierres. A chaque instant nous risquons de verser; mais si elle n'est guère confortable, la *stolkjærre* possède une remarquable stabilité. Entre temps, à plusieurs reprises, nous traversons à gué le torrent. En Norvège, les ponts sont des monuments de luxe et n'existent que sur les grandes routes. Finalement le mauvais état du chemin nous oblige à abandonner le véhicule et à mettre le bagage sur le dos du cheval.

Le paysage est hirsute; de tous côtés une enceinte formidable d'escarpements rugueux fermant complètement le passage. Par-dessus cette muraille l'Istra bondit en magnifique cascade, et le long de la paroi rocheuse le sentier grimpe en zigzags sur d'étroites corniches : une des routes de montagnes les plus extraordinaires et les plus scabreuses que l'on puisse imaginer. Chaque palier domine à pic celui situé en contre-bas, et lorsque je regarde en l'air, j'aperçois le cheval perché juste au-dessus de ma tête. A chaque instant la bête bute, et détache quelques cailloux qui tombent autour de moi; et j'ai d'autant plus de peine à me garer des projectiles que je suis aveuglé par la poussière d'eau que le vent enlève à la cascade; avec cela, les rochers du sentier mouillés par cette averse contante sont glissants comme des plaques de verglas. Pendant toute la durée de l'ascension, on risque d'être assommé par un caillou ou de culbuter dans le gouffre.

Comme l'Isterdal, toutes les vallées ouvertes sur le versant occidental se terminent en impasse dans un cirque de hautes falaises. Vous en gravissez les escarpements, et, au sommet vous vous trouvez non pas sur une crête, mais sur un second tronçon de vallée, parsemé de lacs, ouvert au milieu soit d'un alignement de montagnes, soit de mornes plateaux. Les vallées inférieures sont le prolongement des cassures fjordiennes dans l'intérieur, et pour cette raison sont appelées par les Norvégiens *fjorddal* (vallées de fjord), tandis que les secondes sont des *fjelddal* (vallées de montagne). Ces deux régions appartiennent à deux mondes complètement différents; en bas, ce sont les terres habitées, en haut les montagnes désertes et inutiles, les *fjeld*, pour me servir de l'expression norvégienne. Après la fraîche verdure épanouie à la base de l'escarpement que nous venons de gravir, ici c'est une terre lépreuse, un désert sinistre de pierres disloquées, excavé de crevasses, et hérissé de bouffissures, qui, elles aussi, tombent en ruines. L'altitude n'est cependant pas considérable : 850 mètres au point culminant. Et toujours un ciel gris, un temps de novembre à la veille des premières neiges. Parfois la panne de brouillards s'entr'ouvre pour laisser passer un pâle soleil d'hiver. Un instant, la grande carcasse de pierres blanches jaunit, puis de nouveau tout s'éteint dans la tristesse de cette grisaille gluante.

.... Le terrain verse maintenant vers le sud. Bientôt voici quelques broussailles; plus loin des bouleaux forment des bouquets d'arbres rabougris; dans le bas apparaît une maison. Le *fjeld* sauvage est traversé; nous arrivons dans la zone habitable et habitée qui s'étend ici jusqu'à l'altitude de 450 mètres.

A huit heures du soir, nous atteignons Langdal, le *gaard* le plus élevé de la vallée aboutissant à Sylte. Il est trop tard pour pousser ce soir jusqu'au fjord et je m'arrête dans cette pauvre habitation. Très primitive l'hospitalité qui m'est offerte : comme lit une botte de paille, comme souper une jatte de lait, du pain noir et du café. Ces pauvres paysans perdus au milieu des montagnes ont un régime de véritables cénobites.

Le lendemain j'arrive à Sylte, où je retrouve la grande route, c'est-à-dire le fjord. Au sud du Romsdal, la côte est déchiquetée par trois étroits goulets, le Sunnelvsfjord, le Hjörundfjord, et le Voldenfjord, dont les bassins constituent le pays de Söndmöre, une des régions les plus extraordinaires de la Norvège. Tout ce district n'est qu'un hérissement d'Alpes sauvages, déchirées dans tous les sens par d'effroyables gouffres inondés par la mer. Le Dalsfjord, que l'on suit en quittant Sylte, a l'aspect d'un large fleuve coulant au fond d'une crevasse et le Sunnelvsfjord est une gorge effrayante. Au bout de ce défilé la muraille s'infléchit et entre deux formidables parois qui montent à pic dans les nuages s'ouvre l'étroite fissure du célèbre Geiranger. Au milieu de montagnes abruptes, un trou à pic de tous côtés, un précipice épouvantable rempli d'eau, une impression de citerne gigantesque. La terre semble s'être ouverte dans quelque cataclysme terrible en un abîme sans fond que la mer a ensuite envahi. Devant la vision brusque de cette fente formidable un murmure d'étonnement court à travers la foule des touristes; on est tout à la fois ébahi et terrifié; pendant quelques instants, on se demande si on n'est pas le jouet d'une illusion, si on n'est pas transporté sur les ailes du rêve dans quelque pays extravagant entrevu dans les hallucinations d'un cauchemar. Impossible d'imaginer quelque chose de plus étrange et de plus fantastique. Le Geirangerfjord est une monstruosité de la nature.

Nulle part une berge; les montagnes jaillissent

hors de l'eau et d'un seul jet montent en murailles vertigineuses. Jamais les mots ne pourront donner une impression même imparfaite de ce paysage extraordinaire ; seuls en pareil cas les chiffres ont une valeur représentative. A un endroit le chenal est large tout au plus de 800 mètres et les falaises qui l'enserrent atteignent 1 700 mètres. La profondeur est donc double de la largeur. L'escarpement est si abrupt que les avalanches culbutent des sommets jusqu'au milieu du fjord. Au printemps, ces éboulements deviennent un véritable danger pour les marins ; il y a quelques années, une barque fut lancée en l'air par l'onde produite par la chute d'une de ces avalanches [1].

Plus loin le goulet fait un coude pour se terminer dans une sorte de cratère ébréché. Devant cette ouverture le petit village de Meraak égrène ses maisons blanches et rouges, et ses hôtels aux façades claires et avenantes. Ce hameau est le point de départ de la route la plus grandiose conduisant de la côte occidentale à Kristiania. C'est un centre très fréquenté par les touristes anglais et allemands, bien entendu, car plus en Norvège que partout ailleurs le voyageur français est très rare. Avec notre déplorable habitude de nous croire perdus dès que nous n'apercevons plus la Tour Eiffel, la Scandinavie nous paraît une terre absolument lointaine. Et pourtant que de choses n'aurions-nous pas à apprendre de ce peuple aussi vieux que nous, mais qui a su conserver une énergie virile et une jeunesse inaltérable !

Sur les bords du Geirangerfjord, je débarque à Hellesylt et traverse en voiture la langue de terre

---

1. Y. Nielsen, *Reisehaandbog over Norge*, Kristiania, 1896.

séparant le Sunnelvsfjord du Nordfjord. Cet itinéraire évite une traversée longue et peu agréable. Entre le dédale des fjords du Söndmöre et le Nordfjord la côte projette vers le large le cap Stadt. Devant ce promontoire où les géographes scandinaves placent le commencement de l'Océan Arctique, même en été et par beau temps, la mer est très forte; en cas de brise fraîche vous pouvez compter sur plusieurs heures mouvementées.

Après une absence de cinq jours, le soleil a enfin reparu, jetant à travers l'espace un flamboiement de pays chaud. Sur le ciel clair les rochers s'allument de scintillements aveuglants, tandis que dans les vallées, les lacs et les fjords tracent de longues traînées bleues. C'est la joie du plein été, la splendeur de la vie d'autant plus éclatante qu'elle est plus courte. Dans cette joyeuse clarté matinale cette terre du Nord se pare de la radieuse gaieté des pays du Midi. A la descente sur Faleide, j'éprouve une sensation d'Italie. Entouré de forêts saines et vigoureuses, avec l'horizon blanc des glaciers de Jostedal, le Nordfjord prend, sous cette lumière de feu, l'aspect du lac de Côme, au printemps, alors que les neiges couvrent encore les cimes dominant le carrefour de Bellagio.

CHAPITRE VI

FJORDS ET GLACIERS. — BERGEN

APRÈS les paysages effrayants du Geiranger on éprouve un sentiment de soulagement à respirer librement sur les bords du Nordfjord, au milieu d'une fraîche verdure, devant un panorama grandiose de cimes blanches.

Ces neiges appartiennent au glacier de Jostedal, le plus vaste de la Norvège et même de l'Europe continentale.

La superficie de cette nappe de glace est évaluée à 1 500 kilomètres carrés[1]. Longue de 140 kilomètres[2] — la distance de Paris à Rouen, — elle s'épanche tantôt en une haute plaine large de 35 kilomètres, tantôt se resserre en croupes épaisses seulement de quelques kilomètres, entre le Fjærland et le Lundedal par exemple. Ce puissant massif glaciaire ne forme pas une masse d'un seul tenant, mais se trouve par-

1. De Seue, *le Nevé de Jostedal et ses glaciers*, Kristiania, 1870. 1 675 kilomètres carrés, d'après Richter, *Die Gletscher Norwegens* (Geographische Zeitschrift, II, 1896, Leipzig).
2. De Seue, *loc. cit.*

tagé en plusieurs groupes par un système de vallées et de dépressions qui se recoupent les unes les autres. La nappe principale s'étend du Fjærlandsfjord à la vallée de l'Otta, interrompue seulement par une crête au sud du Lodalskaabe, au nord comme au sud et à l'est précédée par différentes coupoles glacées plus ou moins développées.

Tout à fait différent des formes alpestres est l'aspect du Jostedal. Ici, au lieu d'être confiné dans une dépression comme en Suisse et en Savoie, la glace recouvre un vaste plateau, formant une haute plaine mollement ondulée. De même que le Folgefonn et le Hardanger jökel dans le sud, et une partie du Svartis en Laponie, le Jostedal affecte ce *facies* de glaciation spécial aux régions polaires que les géologues désignent sous le nom générique d'*inlandsis*. Sur ces glaciers point de cimes dressant leurs silhouettes dentelées au-dessus de l'horizon blanc; la montagne entière est empâtée sous la croûte cristalline. Maintenant, le bord du plateau présente-il une échancrure ou un ravin, la masse glacée descend vers les régions inférieures en une cataracte qui souvent ne s'arrête qu'à deux ou trois cents mètres et même moins au-dessus des fjords[1]. Si donc les glaciers des Alpes peuvent être comparés à des fleuves de glace, les *inlandsis* peuvent être définis des lacs de glace dont

---

1. Altitudes de l'extrémité inférieure de plusieurs glaciers du Jostedal, d'après de Seue :

Versant sud.		Versant nord.	
Grand glacier de Suphelle,	42 m.	Glacier de Brigsdal,	326 m.
Glacier de Boium,	150 m.	Glacier d'Aabrekko,	266 m.
Glacier de Langedal,	303 m.	Glacier de Melkevold,	305 m.
Glacier d'Austerdal,	258 m.	Glacier de Lunde,	462 m.
Glacier de Nigaard,	242 m.		
Glacier de Lodal,	628 m.		

le trop-plein s'écoule le long des bords en cascades rigides. Sur toute sa périphérie le plateau du Jostedal est entaillé par de profondes vallées tributaires soit du Nordfjord soit du Sognefjord, et au fond de toutes ces vallées dégringolent de la nappe supérieure de puissantes langues de glace.

Le point culminant du Jostedal, le Lodalskaabe, à l'est du Loenvand, s'élève à 2 076 mètres; les saillies les plus remarquables de la croupe neigeuse au sud-ouest de cette cime ne dépassent guère 1 700 mètres.

Faleide est un centre excellent pour entreprendre des excursions sur le Jostedal. De l'extrémité supérieure du Nordfjord les trois vallées lacustres, d'Opstryn, de Loen et d'Olden, constituent autant de voies d'accès aussi faciles que grandioses vers ce monde polaire.

Une traversée d'une heure et je débarque à Loen. Sur le bord du fjord s'élève un grand hôtel. Aujourd'hui le touriste ne court plus le risque de mourir de faim et de coucher dans le foin comme il y a vingt ans; maintenant les voyages en Norvège sont aussi faciles qu'en Suisse.

Une étroite langue de terre sépare le Nordfjord du lac de Loen (Lovand), où une chaloupe à vapeur attend les voyageurs. Ce bachot appartient aux habitants de la vallée. Voyant les touristes arriver chaque année en nombre de plus en plus grand, les indigènes ont vite compris le profit qu'ils pourraient tirer de cette affluence; ils ont constitué entre eux une société financière, acheté un vapeur et maintenant chaque été encaissent de bons bénéfices. C'est un des exemples le plus topiques de cet esprit d'initiative qui anime les paysans norvégiens. En Dauphiné, où depuis vingt-cinq ans le Club Alpin essaie d'attirer les voyageurs, pas un indigène n'a eu l'idée d'organiser une entreprise de ce genre. Et pourtant les capitaux y sont autrement abondants qu'en Norvège, mais chez nous l'habitude de la tutelle administrative a détruit toute audace.

Le Loenvand est la merveille des merveilles. De tous côtés des murs couronnés de neige, et dans tous les ravins des cataractes de glace; une vasque de cristal bleu. Le lac remplit un gouffre ouvert au milieu du Jostedal. En plusieurs endroits la nappe supérieure du glacier avance jusqu'au bord du précipice; à chaque instant d'énormes fragments s'en détachent et culbutent dans l'abîme, glissant le long de la muraille noire en longues coulées blanches. Un grondement sourd roule dans les plis de la montagne, puis tout à coup le mugissement grandit et éclate en tonnerre formidable répercuté par les échos. Tantôt d'un côté, tantôt d'un autre, la canonnade retentit, parfois si violente qu'un sentiment de terreur vous saisit. Vous avez comme une impression de cataclysme imminent. Souvent, nous raconte le pilote, les avalanches tombent jusque dans le lac; il ne se passe guère d'année où elles ne causent de grands dégâts, effondrant des maisons, ou détruisant des pâturages.

A mesure que nous avançons, le spectacle devient de plus en plus prenant, de plus en plus émouvant. Le lac n'est plus qu'un étroit goulet; un trou effroyable ouvert à 2 000 mètres à pic au-dessous du Ravnefjeld. De quelque côté que l'on se tourne, toujours des glaciers et partout des cascades qui dans leur chute se résolvent en banderoles de poussière blanche.

A l'extrémité du Loenvand, un vallon nous conduit

en une heure et demie de marche devant le grand
mur pâle du glacier de Kjendal (Kjendalsbræ). Du
plateau supérieur l'énorme masse cristalline descend
en cataracte rigide et vient s'étaler comme une nappe

Vue générale de Bergen.

visqueuse au fond du ravin, toute livide et toute verte,
pareille à une grande chose morte.

Le Kjendalsbræ semble avoir subi dans ces dernières années une légère diminution. Les glaciers de
la Norvège méridionale n'ont pas été, comme ceux
des Alpes, affectés d'un mouvement de recul considérable pendant la période comprise entre 1850 et 1880.
A cette époque, au contraire, quelques-uns ont subi
un accroissement qui, sans être considérable, n'en

est pas moins intéressant à signaler. De même que le
Svartis en Laponie et les glaciers d'Islande, le Jostedal a éprouvé dans le cours du xviiie siècle une crue
considérable. Vers 1742, les glaces envahirent des
pâturages, renversèrent des habitations, et s'étendi-
rent sur des terrains qu'elles n'ont pas abandonnés
depuis.

Entre les vallées débouchant à l'extrémité supérieure du Nordfjord et celles tributaires du Sognefjord
existent plusieurs passages à travers la mer de glace
du Jostedal. Pour un alpiniste ces excursions n'offrent aucune difficulté ; aussi bien avais-je résolu
de suivre cet itinéraire, mais j'avais compté sans le
temps. Le soir même de mon excursion au Loenvand,
le ciel se couvrait de petits nuages floconneux de
mauvais augure. Quelques heures plus tard, le « cra-
chin » commence et pendant quarante-huit heures
c'est une averse diluvienne. Nous sommes ici dans le
pays de la pluie.

Nulle part en Europe, si ce n'est sur les côtes
d'Écosse et d'Irlande, les précipitations atmosphériques ne sont aussi abondantes que sur le littoral
ouest de la Norvège, depuis le Hardanger jusqu'au
Nordfjord. Rencontrant les hautes saillies glacées du
Jostedal et du Folgefonn, les nuées atlantiques s'y
condensent en trombes d'eau. A Florö, station située
entre le Nordfjord et le Sognefjord, la tranche d'eau
tombée annuellement atteint 2 m. 30, et à Bergen
elle n'est pas inférieure à 1 m. 80. Aussi bien, pour
constituer des êtres complets et parfaitement adaptés
au milieu dans lequel ils vivent, les habitants de
Bergen devraient, comme les chauves-souris, avoir
les bras munis de membranes dont ils se serviraient
en guise de parapluie, raconte je ne sais plus quel

humoriste indigène. On doit, dit-on, visiter chaque pays à l'époque de l'année la plus caractéristique de son climat; aussi recommande-t-on de parcourir les régions du Nord sous la neige et celles du Midi en pleine canicule. Donc, ne maudissons pas cette pluie; sous cette averse torrentielle cette partie de la Norvège nous apparaît dans son cadre normal. L'impression, certes, n'est point gaie : en plein mois de juillet, un retour brusque de l'hiver.

Après cette douche, renonçant à mes projets d'exploration sur les glaciers, je m'embarque à bord d'un vapeur à destination de Bergen. Une traversée de vingt heures très intéressante. Bien que le Nordfjord n'ait pas la réputation de ses voisins, il n'en est pas moins très beau, présentant tantôt des vues lointaines de glaciers, tantôt des perspectives de verdure. La sortie du goulet au milieu d'un archipel montueux est particulièrement grandiose. Autour des passes les falaises s'élèvent à pic, déchirées d'étroites crevasses, et au-dessus de la mer montent des cimes bizarres, d'aspect véritablement fantastique. Voici notamment le Hornelen, un pic sauvage qui penche comme une Tour de Pise colossale, et à sa base s'ouvre, par une étroite fente de rochers, le chenal de sortie.

Dans la soirée le vapeur mouille à Florö, 600 habitants : une grande ville pour ce pays où la population vit disséminée en petites communautés. Après cette relâche le vapeur poursuit sa route à travers l'archipel côtier.

... Des bras de mer entre des avancées de hautes falaises, puis d'étroits canaux bordés de rochers bizarres, plus loin, de nouvelles plaines d'eau. Toujours ce même paysage extraordinaire de montagnes dressées au milieu de l'océan et de fjords engouffrés au milieu des montagnes. Des pierres nues, polies, comme passées au laminoir; une énorme carcasse rocheuse, hérissée en vagues rigides au-dessus de la mobilité de l'eau, et, dans cet entassement confus de pics, d'aiguilles et de dômes, un dédale inextricable de fissures remplies par la mer.

... Le chenal s'élargit; au milieu de prairies et de bouquets d'arbres, des maisonnettes mettent, le long du fjord, de petites taches blanches et roses; le paysage devient riant et gracieux. Encore plusieurs étroits goulets, puis le vapeur débouche dans une large plaine d'eau. Au bout de cette nappe, Bergen étage sa masse de maisons grises dans un amphithéâtre de verdure et de montagnes.

Derrière un premier plan de navires, de mâts, de haubans, de cheminées, une tour carrée, crépie à la chaux, blanchit à côté de vieilles baraques aux pignons archaïques : une impression de Lübeck ou de vieil Hambourg, un décor d'Allemagne moyen âge, entouré de rochers pittoresques.

Sur le quai nous attend notre sympathique vice-consul, le bon et aimable M. Greve. Depuis trente-cinq ans qu'il occupe ce poste, notre représentant à Bergen n'a jamais laissé échapper une occasion d'être utile ou agréable aux Français. M. Greve appartient à cette ancienne génération de Scandinaves qui regarde la France comme une seconde patrie et à la noble tâche de la faire aimer et respecter il consacre, sans compter, un dévouement inépuisable.

Bergen est la plus amusante et la plus intéressante des villes de Norvège. Toute la journée, dans la rue principale, la *Strandgade*, c'est un grouillement, de pêcheurs et de paysans, constellé par le bariolage éclatant de femmes en casaque rouge et en coiffe blanche. Seuls avec les gens du Sætersdal, les indigènes des environs de Bergen ont pieusement conservé leurs anciens costumes. Et tout ce monde se

Bergen. La forteresse.
D'après une photographie de M. René Gouache.

meut dans un cadre très drôle d'étalages éclatants de cuivrerie, d'éventaires couverts de pelleteries, de baraques biscornues, toutes basses, blotties à côté de grandes bâtisses. Dans les constructions comme dans les costumes, le passé coudoie le moderne.

Plus loin, une immense place bordée de hautes maisons, des banques, des offices commerciaux; au-dessus, un entre-croisement de fils télégraphiques et téléphoniques. Le ciel a l'air tendu de toiles d'araignée. Nous dévalons vers le port qui avance au milieu de la ville; de ce côté c'est le spectacle toujours animé d'un marché au poisson en plein vent. Autour on se bouscule, mais on n'entend le bruit d'aucune dispute. Même dans le débat des prix, ces gens du Nord conservent une placidité imperturbable. Le vendeur dit son chiffre, l'acheteur réfléchit un instant; si l'accord ne s'établit pas, on se quitte sans s'injurier.

A deux pas de là se trouve le quartier le plus curieux de Bergen, le *Tydskebrygge*, le quai des Hanséates, un coin de vieille ville en bois dans un état parfait de conservation. Une rangée de baraques à pignons ouvragés; devant, des navires aux formes anciennes, des *jægt* et des *jakt* qui ont tout l'air de vieilles nefs normandes; au bout, une forteresse moyen âge. Le décor est complet. Nous entrons dans une de ces maisons transformées en musée. La restitution de l'intérieur a été étendue aux plus petits détails. Voici le comptoir, avec les livres, les balances, l'encrier, les plumes; dans la chambre à coucher, tous les meubles sont en place. C'est la plus forte vision du xvie siècle que nous ayons jamais éprouvée.

Le *Tydskebrygge* a été le théâtre du principal épisode de l'histoire de la ville. Au milieu du xive siècle, des Hanséates fondèrent un comptoir à Bergen, précisément sur le quai qui porte leur nom; rapidement cet établissement prit une grande importance et bientôt étendit ses affaires dans tout le pays jusque dans le Nordland. Un siècle après leur arrivée à Bergen, les Allemands étaient devenus les maîtres de toutes les transactions, du Lindesnæs au cap

Nord. Ils achetaient aux indigènes le produit de leurs
pêches et, en échange, leur fournissaient toutes les
marchandises dont ils avaient besoin. Fiers de leur
puissance, ils jugèrent bientôt inutile de garder aucun
scrupule, et, sans la moindre vergogne chez ces com-

Bergen. Le marché au poisson.
D'après une photographie de M. René Gouache.

merçants rapaces, l'usage de faux poids devint général. Après être restés longtemps impuissants contre
ces exactions, les malheureux Norvégiens réussirent
cependant à déloger les Allemands de leur situation
privilégiée. A partir du XVIᵉ siècle, la puissance de
la Hanse commence à décliner; mais ce fut seulement
en 1764 que les étrangers furent définitivement
expulsés. Cette lutte commerciale a laissé dans la
population un souvenir vivace, mais assez injuste.
Les gens de Bergen oublient que, si les Allemands

ont été sans scrupules, ils furent plus tard à leur tour aussi âpres au gain dans l'exercice de leurs privilèges commerciaux. Eux aussi ne se montrèrent pas moins impitoyables à l'égard des pauvres pêcheurs du Nord. En histoire on ne se souvient que des défaites.

CHAPITRE VII

LES PÊCHES MARITIMES
DE LA NORVÈGE MÉRIDIONALE

Sur le *Tyskebrygge* tous les navires à quai chargent ou déchargent des ballots de morues et des barils de harengs. Dans les différents ports où nous avons relâché nous avons vu partout les mêmes monceaux de poisson et partout la population occupée soit aux préparatifs de la pêche, soit à la préparation de ses produits.

Les pêcheries sont la principale industrie de la Norvège occidentale et la morue et le hareng les deux grandes sources de revenus de cette région. Dans ce pays, tout entier en hautes montagnes stériles, l'homme ne pourrait subsister sans la fécondité inépuisable de l'Océan. Ici c'est la mer qui nourrit l'homme.

En 1896, la valeur des produits de la pêche s'est élevée à plus de 30 millions de francs[1], et le nombre

1. De 1866 à 1895, la valeur du produit des pêcheries a varié de 20 720 000 francs (1887) à 44 millions de francs (1877); la valeur moyenne pendant cette période de vingt-neuf ans a été

des indigènes qui ont pris part seulement à la capture de la morue, du hareng et du maquereau a atteint le chiffre de 133 000, soit près de 7 pour 100 de la population.

La plus fructueuse de ces pêches est celle de la morue. Après Terre-Neuve, les côtes ouest et nord de la Scandinavie fournissent la plus grande quantité de ce poisson. De 1890 à 1896, en moyenne pas moins de 62 millions de morues [1] sont entrés dans les entrepôts norvégiens [2] : un nombre insignifiant, si l'on songe qu'une morue de taille moyenne met en liberté environ neuf millions et demi d'œufs. Ce poisson déposant son frai en pleine mer, une quantité énorme se trouve, il est vrai, détruite par le choc

de plus de 31 millions, et de 1884 à 1894 de 30 180 000 francs. (*Norges Statistik, Tredie Række*, n° 25. *Tabeller vedkommende Norges officielle Fiskerier i aaret 1896*, etc., p. i, Kristiania, 1893.) Tous les chiffres que nous donnons dans ce chapitre sont empruntés aux remarquables publications du Bureau statistique de Norvège.

1. Statistique des pêches à la morue pour toute la Norvège.

ANNÉES	Effectif des pêcheurs.	Nombre des bateaux.	Nombre des morues capturées en mille.	Foie en hectolitres.	Rogue en hectolitres.	Valeur totale en mille francs.
1890.	89 283	21 356	63 303	194 914	63 355	19 705
1891.	94 836	23 252	49 612	138 604	37 404	19 755
1892.	101 659	24 176	65 086	171 132	55 286	21 380
1893.	93 743	22 178	70 753	187 954	69 330	20 587
1894.	96 385	23 749	70 338	121 547	47 907	21 176
1895.	86 087	20 386	68 434	86 858	60 408	17 255
1896.	93 277	22 203	51 765	84 822	35 062	20 066

2. Les statistiques enregistrent seulement le poisson qui fait l'objet de transactions commerciales. Elles ne comprennent pas les quantités considérables qui servent à l'alimentation locale et qui sont vendues sur les marchés.

Gudvangen et le Næröfjord. D'après une photographie de M. Charles Rabot.

des vagues. Quoi qu'il en soit, on n'a pas à craindre un dépeuplement de la mer.

Quoique moins abondantes que celles du Nord, les pêcheries de la Norvège méridionale ont cependant encore une grande importance. Presque toute l'année, cette partie de la péninsule est visitée par des bancs épais de poissons, qui arrivent successivement du large. En février ce sont les morues, et vers la même époque les harengs, dans la région comprise entre Stavanger et Bergen et dans le Skagerak. En été, les maquereaux grouillent dans les eaux littorales et souvent jusqu'au fond des fjords. Un peu plus tard, vers le commencement d'août, les harengs apparaissent de nouveau en troupes innombrables.

Les migrations des poissons comme celles des oiseaux sont déterminées par les grandes fonctions biologiques. A certaines époques, les animaux marins recherchent des conditions physiques spéciales pour leur alimentation ou pour leur reproduction. Une de ces conditions vient-elle à faire défaut dans les eaux qu'ils fréquentent, les poissons les abandonnent pour se diriger soit vers d'autres régions, soit vers des fonds différents. Pour connaître les itinéraires suivis par les êtres marins, l'étude de leur milieu favori est donc absolument indispensable. Aussi bien, depuis longtemps les nations maritimes, pour lesquelles les pêcheries sont une source importante de revenus, ont-elles compris l'utilité pratique de recherches scientifiques appliquées à la faune marine. Dans ce but, le Canada, les États-Unis, l'Angleterre, la Suède, le Danemark, la Norvège ont organisé des expéditions et des services permanents uniquement consacrés à l'étude biologique des poissons industriels, et chaque année ces différents États

publient les résultats obtenus par leurs naturalistes
sous une forme aussi instructive pour les savants
que pour les pêcheurs. Seule de toutes les grandes
puissances maritimes, la France ne possède pas une
organisation similaire et à l'égard de ces recherches
les pouvoirs publics, comme les intéressés, manifestent une indifférence qui explique la décadence de
nos pêcheries. Par leur ignorance nos marins laissent
échapper une partie des richesses de l'Océan. Depuis
plusieurs années, un homme d'initiative, M. Thoulet,
professeur à la Faculté des sciences de Nancy, s'est
efforcé de mettre en lumière l'intérêt pratique de
l'océanographie, la science de la mer; mais jusqu'ici
ses conseils n'ont point été entendus. Les travaux de
cette nature ne rentrent pas dans les cadres officiels.
Aussi, il y a quelques années, lorsque la sardine
abandonna la côte de Bretagne, les naturalistes ne
purent donner une explication satisfaisante de cette
désertion, ni conseiller des mesures. Peut-être le
poisson se trouvait-il à une plus grande profondeur
que d'habitude, par suite de certaines influences
physiques. Nul doute que si on eût connu les conditions biologiques recherchées par la sardine, on eût
fourni de précieuses indications aux malheureux
pêcheurs. Et pourtant il existe au Ministère de la
marine une Commission générale des pêches!

Les Norvégiens, gens pratiques et ennemis des
paperasses vides, n'ont pas de commission, mais ils
ont confié l'étude des poissons utiles de leurs côtes à
d'éminents spécialistes. Pendant de longues années
le professeur G.-O. Sars [1] a poursuivi avec la plus

1. Ses observations sont publiées dans des rapports adressés
au Ministère de l'intérieur : *Indberetninger til Departementet
for det Indre fra Professor Dr G.-O. Sars om de af ham i Aarene*

méthodique constance une enquête biologique sur la morue et le hareng, et ses travaux, conduits dans un esprit absolument scientifique, ont abouti à des résultats pratiques d'une importance capitale. Continuant les recherches dans la voie ouverte par cet illustre zoologiste norvégien, le Dr Hjort a fait, dans ces dernières années, des découvertes fécondes[1]. Enfin tout récemment un progrès très considérable a été réalisé dans cet ordre d'idées. Comprenant l'utilité de l'étude scientifique de la mer pour le développement de leurs industries maritimes, l'Angleterre, la Norvège, la Suède et le Danemark poursuivent en commun, depuis 1893, des études systématiques sur la salinité et la température de la mer du Nord et des détroits baltiques. Grâce à ces observations, les

1864-1878, anstillede Undersögelser angaaende Saltvandsfiskerierne, Christiania, 1879; *Indberetning til Departementet for det Indre fra Professor Dr G.-O. Sars om de af ham i Aaren 1879 anstillede praktisk-videnskabelige Undersögelser over Loddefisket ved Finmarken.* Christiania, 1879. *Indberetning til Departementet for det Indre fra Professor Dr G.-O. Sars om de af ham i Sommeren 1888 anstillede praktisk-videnskabelige Undersögelser vedkommende Saltvandsfiskerierne samt angaaende Hvalfredningen i Finmarken.* Christiania, 1888. *Praktisk-videnskabelige Undersögelser af Trondhjemsfjorden (Indberetning til Departementet for det Indre om en i Sommeren 1890 foretagen Reise),* af Professor Dr G.-O. Sars. Christiania, 1891. *Fortsatte praktisk-videnskabelige Undersögelser af Trondhjemsfjorden (Indberetning til Departementet for det Indre om en i Sommeren 1891 foretagen Reise) af Professor Dr G.-O. Sars.* Christiania, 1891. *Brislingen og Brislingfisket (Indberetning til Departementet for det Indre),* fra Professor Dr G.-O. Sars. Christiania, 1893.

1. Dr Johan Hjort, *Hydrografisk-biologiske Studier over norske fiskerier,* 1893; Christiania; *Undersögelser over organismerne og strömforholdene i det norske Nordhav,* in *Naturen,* Juin-Juil, 1897, Bergen, Cleve, Ekman, Hjort, Petterson. *Skageraks Tilstand under indeværende Sildefiskeperiode.* Christiania, 1897.

conditions océanographiques dans la mer qui baigne la Norvège méridionale nous sont connues dans leurs traits généraux.

La côte ouest de la Scandinavie est bordée, comme je l'ai déjà dit, par un plateau sous-marin, plus ou moins large suivant les régions. Situé à une profondeur d'environ 200 mètres, il présente un escarpement très abrupt au-dessus des abîmes océaniques et de la fosse littorale ouverte entre la Norvège et la plate-forme de la mer du Nord. Grâce à cette disposition topographique, les eaux froides des grandes profondeurs ne s'avancent pas jusqu'à la côte, et seules les nappes superficielles chaudes du Gulf-Stream recouvrent la zone littorale.

Connaissant la distribution des fonds, examinons les mouvements des eaux. La mer du Nord est soumise à deux influences différentes; ouverte dans le nord, elle mêle ses eaux à celles de l'Océan, tandis que dans le sud elle est modifiée par les apports de la Baltique. Presque complètement fermée et recevant un nombre considérable de puissants fleuves, cette dernière mer a des eaux presque douces. Son régime peut être assimilée à celui d'un lac, et, suivant les saisons, son courant de sortie est plus ou moins abondant. Après la débâcle des fleuves et la fusion des neiges dans le bassin du golfe de Bothnie, le débit de la Baltique est considérable, mais, à partir de l'automne, il s'atténue progressivement. Ces eaux douces s'écoulent vers la mer du Nord par les détroits danois, le Cattegat et le Skagerak, en suivant la côte méridionale de la Scandinavie, et, dans toute cette vaste région, modifient naturellement la salinité de la mer. Autour comme au-dessous de ce courant, les couches liquides ont des densités différentes. Immédiatement en contact avec la nappe baltique s'étendent des eaux dites des bancs (salinité : 32 à 34 0/00), parce qu'elles recouvrent les bancs de la côte norvégienne; plus bas ou plus loin on rencontre les eaux de la mer du Nord (salinité : 34 à 35 0/00); enfin les eaux océaniques (salinité au-dessus de 35 0/00) occupent les profondeurs du Skagerak ainsi que la surface de la partie centrale de la mer du Nord. La largeur de ces différentes zones varie d'une saison à l'autre, suivant le débit du courant baltique. En août, par exemple, une couche superficielle d'eaux saumâtres borde les côtes sud et ouest de la Norvège, jusqu'à une distance de 30 milles au large. En automne et en hiver, les apports de la Baltique diminuant, une modification peut se produire dans la distribution de cette nappe. Ainsi, en novembre 1893, à la suite d'un régime persistant de vents d'ouest très frais, le courant baltique se trouva arrêté et les côtes norvégiennes baignées par la nappe dite des bancs.

A la même époque, l'année suivante, au contraire, les eaux saumâtres de la Baltique continuèrent à longer la Scandinavie méridionale; seulement à une grande distance de terre on rencontrait une nappe ayant une salinité plus forte. En résumé, la distribution des différentes couches d'eau dans la mer bordant la Norvège méridionale est dans une étroite dépendance du courant de sortie de la Baltique.

A un autre point de vue, les travaux des océanographes scandinaves ont eu un résultat intéressant. Ils ont montré que les observations de température de la mer, l'étude de sa composition physique et de tous les infiniment petits qui grouillent à sa surface ne sont pas simplement des passe-temps de savants;

une simple œuvre de dilettantisme scientifique, et que ces recherches conduisent à des résultats pratiques d'une utilité capitale pour les industries maritimes.

Ceci dit, étudions maintenant les migrations des poissons vers les côtes de la Norvège méridionale et les pêches auxquelles elles donnent naissance. En même temps nous examinerons l'influence des phénomènes physiques qui se produisent au sein des eaux sur la marche de la morue et du hareng.

La morue n'est pas, comme on l'a longtemps cru, un fin nageur parcourant les immensités océaniques. D'après les recherches de Sars, c'est, au contraire, une espèce relativement sédentaire, séjournant toute l'année sur la pente occidentale du plateau sous-marin qui entoure la Norvège. Le talus de cette plate-forme constitue un milieu très favorable pour ce poisson; les couches d'eau y atteignent une température relativement élevée (de $+ 5°$ à $+ 7°$) et dans les pierres et le sable coquillier qui constituent la surface des bancs, il trouve une nourriture abondante. Cette région, les morues la quittent seulement en hiver, de la fin de décembre au commencement de février, pour venir frayer dans les petits fonds situés entre le rebord du plateau et les abîmes des fjords. Probablement à cette époque les morues arrivent en masses considérables sur toute l'étendue de la côte, mais jusqu'ici ces migrations n'ont donné lieu à d'importantes pêcheries que dans deux régions, entre le cap Stadt et Throndhjem, sur les bancs du Romsdal, du Sondmöre et du Nordmöre, et aux Loffoten [1].

D'après Sars, la morue rechercherait, à l'époque de

1. Quelques pêches locales ont lieu également sur la côte du Nordland méridional.

la ponte, des eaux ayant une température de + 5°. Les résultats de la pêche en 1880 et 1881 sur les bancs du Romsdal confirment cette observation. En février et mars 1880, dans ce district, la température de la mer s'étant maintenue, à la profondeur de 100 mètres, à + 4°,8, le produit de la pêche fut excellent. Plus de 9 millions et demi de morues furent capturées. L'année suivante, la température de la mer s'étant abaissée, à la même profondeur, à + 3°,2, le rendement fut de moitié moindre. Ces variations de température proviennent de modifications dans le régime des courants.

D'après les théories qui ont cours aujourd'hui, la dérive des eaux est déterminée par les vents. La distribution de la salinité observée en 1893 dans les eaux norvégiennes (voir p. 140) est à cet égard probante. Donc en dernière analyse, les migrations des poissons seraient dans une étroite dépendance des phénomènes météorologiques.

Les pêcheries du Nordmöre, du Romsdal et du Sondmöre ont été, en 1896, fréquentées par plus de 12 000 marins montés sur 2 200 embarcations. Depuis quelques années elles semblent attirer un personnel de moins en moins nombreux [1]. La flottille se compose principalement de canots et d'environ 150 barques pontées, déplaçant 35 tonnes environ. Pouvant rester plusieurs jours de suite sur les bancs, ces bâtiments présentent par cela même de grands avantages sur les embarcations non pontées obligées de rentrer chaque soir au port; néanmoins, leur

---

1. En 1888, 15 454 pêcheurs montés sur 2 723 embarcations. En 1890, 1891 et 1892, l'effectif des pêcheurs a également dépassé 15 000 hommes; mais les années suivantes on constate une décroissance continue.

emploi ne s'est guère développé. Les Norvégiens restent aveuglément fidèles à leurs anciennes pratiques de pêche.

Sur les bancs du Nordmöre et du Sondmöre comme aux Loffoten, les marins se servent de trois espèces différentes d'engins : les palancres, la ligne de main et les filets. Les palancres sont le plus usitées [1].

La pêche a lieu du commencement de février aux premiers jours d'avril. Elle se fait en pleine mer, sur les bancs, à une distance de 10, 20 ou 30 kilomètres de terre et à une profondeur de 80 à 100 mètres [2].

Dès la fin de décembre, la morue commence à se diriger vers la terre, mais ce n'est que du 15 janvier au 1er février qu'elle arrive en grande quantité. Comme aux Loffoten, elle s'approche de la côte, en bancs de plus en plus épais à mesure que la saison avance. Tous les poissons ne frayent pas en même temps, toutefois, pour la plupart, ils mettent en liberté leurs œufs dans le courant de mars. A partir du 15 mars, les morues s'acheminent de nouveau vers la pleine mer.

Le rendement moyen de cette industrie calculé sur les résultats de 1885 à 1895 est de plus de sept millions de morues (7 300 000) [3]. Les bonnes années (1886), il dépasse dix millions de poissons (10 849 000)

---

1. En 1895, sur 13 785 pêcheurs :

    1 691 employaient exclusivement des filets.
    3 908   —   —   des palancres.
    2 489   —   —   des lignes à la main.
    3 770 se servaient concurremment des trois engins.
    1 907   —   —   de palancres et de lignes.

2. Helland, *loc. cit.*, p. CXXIX.

3. Ces statistiques ne comprennent que le poisson vendu par les pêcheurs ; les morues conservées par les marins pour les usages domestiques ou employées à l'alimentation pendant la campagne ne sont pas comprises dans ces chiffres.

et, les mauvaises (1887), il s'abaisse à trois millions
(3 173 000).

La plus grande partie est transformée en *klipfisk*,
c'est-à-dire est séchée et salée. Une morue qui pèse
en moyenne 4 kil. 800 ne fournit qu'un kilogramme
de *klipfisk*. Un autre produit important de cette pêche
est le foie et la rogue. En moyenne 400 poissons sont
nécessaires pour obtenir un hectolitre de foies. Certaines années, ce chiffre s'élève à 1 000, tandis que
d'autres il descend à 200, soit à peu près la même
proportion qu'aux Loffoten. Un hectolitre de foies
rend en moyenne 60 litres d'huile.

Le produit de la pêche du Romsdal présente depuis
quelques années une décroissance marquée. En 1895
et 1896, sa valeur n'a guère dépassé deux millions
de francs (2 129 400), alors qu'en 1892 elle s'est élevée
à plus de quatre millions. En 1896, le gain moyen
de chaque pêcheur a été de 167 francs. Certaines
saisons (1886), il peut s'élever à 284 francs (dans le
Söndmöre), et baisser à 54 francs (1887).

Comme toutes les denrées, le prix de la morue
dépend des cours, et telle année où le poisson est
abondant, la valeur de la pêche reste inférieure à la
moyenne par suite d'une baisse survenue sur le
marché, soit parce que les produits sont de qualité
inférieure, soit parce que les stocks provenant d'autres régions sont considérables.

Après le départ de la morue, les bancs du Romsdal
sont encore le siège de pêcheries assez lucratives.
A partir du milieu d'avril, une centaine de navires
s'établit sur ces hauts-fonds pour y capturer la
lingue, le brosme et le flétan. La valeur du poisson
pris pendant cette campagne est d'environ un demi-
million de francs.

Si la morue est plus abondante dans le nord de la Norvège que dans le sud, les pêches de harengs sont, au contraire, en général, plus lucratives dans cette dernière région qu'en Laponie [1]. C'est même l'industrie la plus importante de la Norvège méridionale, où chaque année elle occupe 50 000 marins.

Son rendement varie de neuf millions deux cent cinquante-cinq mille francs (1891) [2] à trois millions sept cent mille francs (1896) [3]. Il est du reste soumis à de grandes fluctuations, comme le montrent les statistiques de ces dernières années [4].

Le hareng se rencontre en masses considérables, sur les côtes sud et ouest de la Norvège méridionale, à trois époques différentes : pendant les premiers mois de l'année, en été et en automne. D'une saison à l'autre les poissons présentent d'assez notables différences de taille et d'aspect pour que pendant longtemps les naturalistes aient cru à l'existence de

1.   PÊCHERIES DE HARENGS.

	Mille hectolit.	Mille francs.
En 1896, au N. de Throndhjem........	173	708
— au S. de Throndhjem........	669	2 999
En 1895, au N. de Throndhjem........		3 753
— au S. do Throndhjem........		4 415

2. Pour 1 million quatre cent quarante-deux mille hectolitres.
3. Huit cent quarante-deux mille hectolitres.
4. Produit de la pêche au hareng dans toute la Norvège :

	Mille hectolitres.	Valeur en milliers de francs.
1891	1 442	9 255
1892	1 951	6 962
1893	1 853	6 203
1894	632	4 950
1895	1 430	8 169
1896	842	3 708

Dans ces statistiques relatives au hareng est compris le produit de la pêche de l'anchois.

plusieurs variétés de hareng. Sars ne voit au contraire dans ces bancs, qu'une seule et même espèce, mais à des stades différents de développement. Ainsi le véritable hareng de printemps (*vaarsild* en norvégien) est un adulte âgé de six ans, tandis que celui d'été (*sommersild* en norvégien (hareng d'été) ou *fedsild*, hareng gras) est un jeune individu âgé de trois, quatre ou cinq ans. Toutefois dans le commerce on ne distingue pas moins de sept variétés de ce poisson[1].

D'après le savant professeur G.-O. Sars, le hareng, loin d'être, comme on l'a supposé, indigène des grandes profondeurs océaniques, vit dans les eaux superficielles du large. Là seulement il trouve en abondance le *plankton*, c'est-à-dire les animaux inférieurs et les végétaux microscopique flottant à la surface de la mer (*aat* en norvégien) qui constitue sa nourriture. Suivant toute vraisemblance, l'habitat du hareng qui fréquente au printemps la côte ouest de la Norvège méridionale est le large océan compris entre l'Écosse, l'Islande et la Norvège. Les bancs constitués par ces poissons viennent en effet tous du nord-ouest ; à 80 milles de terre, des navigateurs en ont observé des troupes filant constamment dans cette

---

1. Ce sont le *musse* ou hareng dans sa première année ;

L'*æsja* ou *bladsild* (hareng plat), ou hareng dans sa deuxième année ;

Le *kristianiasild* (hareng de Kristiania), ou hareng dans sa troisième année ;

Le *middelsild* (hareng moyen), dans sa quatrième année ;

Le *kjöbmandssild* (hareng de marchand), ou hareng dans sa cinquième année ;

Le *blandingssild*, ou hareng entre cinq et six ans ;

Le *vaarsild* ou *storsild* (hareng de printemps ou gros hareng), hareng dans sa sixième année.

direction. Au milieu de l'hiver, les harengs, éparpillés au large dans la mer de Norvège, se réunissent et avancent en masses énormes vers la côte pour y déposer leur frai. De là les pêches du printemps (*vaarsildfiskeri*) dans la Norvège méridionale et du *storsild* (gros hareng) sur la côte du département de Tromsö dans le nord. Ce dernier appartient à un groupe différent du premier, dont l'habitat doit être situé plus au nord [1].

La pêche du printemps (*vaarsildfiskeri*) a lieu en février et mars sur la côte ouest, du Lindesnæs au cap Stadt. Ses résultats sont très incertains en raison de l'irrégularité des migrations de ce poisson [2]. Tantôt le hareng arrive dans une région, tantôt dans une autre, souvent même fait complètement défaut pendant une longue suite d'années [3].

1. D'après Sars, les bancs de harengs qui arrivent sur les diverses côtes de l'Europe septentrionale auraient chacun un centre d'origine différent.

2. En 1784, les harengs de printemps disparurent pour ne revenir qu'en 1808. De 1808 à 1835, ils fréquentèrent régulièrement les environs de Bergen, puis, à partir de cette dernière date, ils descendirent au sud vers le Jæderen. En 1840, on les rencontra, au contraire, dans le nord autour de Selbjörnfjord. En 1869, les harengs abandonnèrent cette région pour venir frayer entre le Sognefjord et le cap Stadt, et finalement disparurent presque complètement à partir de 1874.

3. Produit des pêches du hareng de printemps et d'hiver.

	Hectolitres.	Valeur en francs.
1888	170 000	609 000
1889	176 000	659 400
1890	354 000	1 269 800
1891	730 000	4 558 400
1892	776 000	3 430 000
1893	777 000	3 070 000
1894	330 000	2 003 400
1895	368 000	2 283 000
1896	481 000	1 870 000

Les recherches du docteur Hjort montrent que ces disparitions, en quelque sorte périodiques, du *vaarsild* (hareng de printemps) sont déterminées par des variations dans le régime des courants. La côte est-elle baignée par des eaux ayant une salinité et une température élevées, le hareng fraiera tout près de terre et par suite la pêche sera fructueuse. Au contraire, le courant baltique froid et saumâtre continue-t-il à couvrir en hiver une zone étendue le long de la côte, les poissons resteront au large ou dans les profondeurs et la pêche deviendra peu abondante. Ainsi, d'après les hydrographes suédois Petterson et Ekman, au mois de février, le hareng ne fraie sur la côte du Bohüslän (Suède méridionale) que s'il y rencontre des eaux dont la température atteint $+ 4°$ et la salinité, 33 p. 1000. En 1872, année où la pêche donna de médiocres résultats aux environs de Stavanger, des bancs énormes de harengs étaient arrivés, comme d'habitude, dans ces parages, mais avaient abandonné leurs œufs sur des bancs au large, au lieu de venir les déposer dans l'archipel côtier, parce qu'ils n'avaient pas rencontré un milieu favorable dans les eaux littorales. Les pêcheurs avaient attendu vainement le poisson sur la côte; lorsqu'ils eurent reconnu leur erreur, il était trop tard; les harengs avaient repris le chemin de la haute mer.

Après leur éclosion, les alevins restent sur la côte pendant un an environ, puis se dirigent peu à peu vers la pleine mer. Finalement les harengs déserteraient complètement l'archipel, si certaines circonstances ne les y retenaient et même n'y attiraient d'autres bancs du large. Par les temps calmes les courants poussent vers la Norvège une masse énorme de *plankton* dont ces poissons se nourrissent. L'arrivée de cette manne maintient alors dans ces parages les jeunes harengs qui allaient partir pour la haute mer et en même temps ramène du large ceux qui avaient déjà émigré. De là la pêche du hareng d'été. Ses résultats demeurent toujours incertains, en raison même des conditions qui déterminent cette migration du poisson. Elle est en effet dans une étroite dépendance des courants marins. Les différentes couches d'eau ne renferment pas toutes le même *plankton*, et par suite ne présentent pas toutes les mêmes conditions favorables pour l'alimentation des poissons. Ainsi seules les eaux dites des bancs et celles ayant une salinité plus élevée renferment en abondance les diatomées (végétaux microscopiques à carapace siliceuse) particulièrement recherchées par les harengs. On voit donc par ces exemples l'influence considérable que le courant baltique exerce sur les migrations des poissons comestibles et que l'arrivée de leurs troupes à proximité des côtes dépend de l'afflux d'eaux douces ou salées dans cette région. Sur la côte du Skagerak et du Cattegat, de novembre à la fin de février, a lieu la pêche d'hiver ou de l'est, comme l'appellent les Norvégiens. Ses résultats dépendent également du régime du courant baltique. Partout les eaux saumâtres chassent le hareng loin de terre.

Pour la capture de ce poisson dans les différentes régions où il se présente, les Norvégiens emploient des chaînes de filets, longues de 75 mètres environ, hautes de 4 mètres, maintenues verticalement à l'aide de flotteurs et de poids. Elles sont tendues le soir et relevées le lendemain matin. Chaque chaîne fournit en moyenne 834 litres de poisson, dans les bonnes années jusqu'à dix hectolitres et demi. Lorsque des bancs épais s'engouffrent dans un fjord étroit, on les cerne en fermant complètement le passage à l'aide d'immenses seines. D'un seul coup, d'habiles pêcheurs peuvent ainsi bloquer des masses énormes de poissons. Par ce procédé on a pu prendre en quelques jours jusqu'à 40000 hectolitres de hareng. En Norvège, la légende de la pêche miraculeuse devient une réalité.

CHAPITRE VIII

LE HARDANGER ET LE SOGNE

Le chemin de fer de Vossvangen. — Eide. — Odde.
Le Hardanger et le Folgefonn.

A travers l'épaisse masse montagneuse qui couvre la Norvège méridionale trois routes conduisent de Bergen à Kristiania, par le Valders, le Hallingdal et le Telemark. Les deux premières partent de l'extrémité supérieure du Sognefjord, la troisième d'Odde dans le Hardanger. Je connais déjà une partie du Telemark et le Hallingdal est, paraît-il, très monotone; je me décide donc en faveur du Valders, d'autant qu'au prix d'un détour je pourrai visiter le Hardanger, ce fjord célèbre dont, depuis mon arrivée, j'entends vanter les beautés par tous les Norvégiens.

La première étape se fait en chemin de fer jusqu'à Vossvangen. Autour de Bergen, une verdure vigoureuse de pays toujours mouillé. De tous côtés, des lacs encadrés de prairies fleuries; partout une merveilleuse poussée de végétation printanière. Le train dévale une pente rapide, et, à chaque courbe, de violentes secousses nous jettent de droite et de gauche. Le wagon tangue et roule comme une barque secouée par la lame; d'une minute à l'autre on s'attend à culbuter dans les effroyables précipices qui bordent la voie. Un voyage sur les lignes suédoises ou norvégiennes constitue une excellente acclimatation aux traversées sur les mers houleuses.

Cette descente nous amène au milieu d'un paysage sauvage, effrayant de tristesse. Le convoi court au-dessus d'un fjord, très caractéristique, un long et étroit fossé plein d'une eau lourde et huileuse, entre deux chaînes de montagnes abruptes. Sur le bord du gouffre, la ligne taillée en corniche aérienne traverse en tunnel les saillies de rochers, et enjambe les ravins sur des ponts graciles : un chemin de fer suspendu au flanc de la falaise. Et de toutes parts giglent des cascades. Le fjord fait un coude; le train s'engage dans une gorge étroite, pour déboucher sur un autre fjord et s'élancer sur un second balcon vertigineux. Ce chemin de fer est une des lignes les plus hardies d'Europe et une des plus intéressantes par la beauté de ses aspects. Pendant toute la durée du trajet, ce n'est qu'un cri d'admiration, une suite d'enchantements et d'étonnements, une variété indescriptible de panoramas tour à tour gracieux et sévères.

A chaque instant, des tunnels. De Bergen à Voss-vangen, sur une distance de 108 kilomètres, on n'en compte pas moins de cinquante-cinq. Tout à coup les parois rocheuses s'écartent devant un grand lac, entouré d'alpages et de forêts. Un paysage idyllique succède sans transition au spectacle terrible des fjords. Nous arrivons à Vossvangen.

Une impression de Tyrol. Sur les premières pentes une marqueterie criarde de champs de céréales et de pâturages; plus haut, des futaies noires couronnées

par un glacis de neige ruisselant au milieu des arbres;
devant, une nappe d'eau endormie dans le calme
pénétrant du crépuscule. De toutes parts, des horizons
emplis de paix et de repos. Dans ce décor merveilleux passent des groupes pittoresques de femmes
bariolées d'étoffes aux tons vibrants : des corselets
rouges avec des bandes vertes, des guimpes blanches,
des jupons noirs avec des tabliers blancs striés de
broderies.

Devant ce panorama enchanteur, un grand chalet
présente une large façade éclairée, ajourée de véran-
das, l'Hôtel Fleischer, un caravansérail capable de
loger un bataillon. Autour apparaissent d'autres
hôtels plus modestes. Généralement, au cœur de la
saison, toutes ces maisons sont pleines. Vossvangen
est le séjour d'été des habitants de Bergen et, tous
les jours, passent de nombreuses caravanes de touristes allant du Hardangerfjord au Sognefjord ou
vice versa. Ce village est l'Interlaken de la Norvège.

De Vossvangen à Eide sur le Hardanger la distance
est seulement de 30 kilomètres à travers un pays
magnifique. La route s'élève en replis sinueux et
chaque tournant découvre une nouvelle perspective
sur l'incomparable verdure du bassin de Voss. Nulle
part auparavant je n'ai vu une telle exubérance
de pâturages. Ce bout de vallée est la conque verte
de la Norvège. Dans cette grande nappe d'herbes
luxuriantes, partout, comme des traînées d'arc-en-
ciel, miroitent les taches jaunes et blanches ou roses
de maisonnettes éparses sur la montagne.

Au point culminant du passage, changement brusque de décor. Subitement le sol manque sous nos
pas et se creuse en un gouffre effrayant; imaginez
au milieu des montagnes un trou au fond duquel le

chemin descend en lacets rapides étagés sur la falaise.
A la *stolkjærre* pas de frein, un écart du cheval et
l'on irait s'écraser dans le précipice. Heureusement
ces animaux ont le caractère flegmatique de leurs
maîtres. Au pied de la pente, un lac encadré de
rochers, puis, derrière un monticule, Eide apparaît
sur le bord d'une nouvelle nappe cernée de hautes
montagnes blanchies de neige. Voici le fameux Hardangerfjord chanté par les poètes et par les légendes
populaires. Devant ce paysage, une impression de
chose non vue, de terre incompréhensible comme
dans le Geirangerfjord. Resserré entre deux escarpements, le fjord a l'aspect d'un grand fleuve; pour
se croire ici sur le bord de la mer, un effort de raisonnement devient nécessaire.

Je m'embarque pour Odde, et, à mesure que le vapeur
avance, la sensation d'étrangeté devient de plus en
plus saisissante. Sous la pâleur de la fin du jour, des
ombres profondes font saillir les falaises et accusent
le creux du fjord; la nappe d'eau semble s'enfoncer
dans une noirceur caverneuse, tandis que là-haut,
illuminées par le soleil couchant, les cimes imma-
culées montent dans un rayonnement de lumière
radieuse comme une vision céleste d'un monde idéal.

Une fois sorti du goulet d'Eide, le vapeur traverse la
branche principale du Hardanger pour entrer dans la
fissure du Sörfjord (Fjord du sud). Entre deux formidables falaises un canal, large à peine d'un kilomètre.
A droite, une muraille de pierres brutes, dressée
à 1 500 mètres à pic, couronnée par les glaces du
Folgefonn, balafrée de ravins vomissant des cascades
ou des cataractes de glace. Sur l'autre rive, un épanouissement de luxuriante fécondité, une végétation
de pays tempéré, des champs de céréales, des tilleuls,

des bois d'arbres fruitiers; une terre souriante et heureuse, en face d'un glacier polaire. Protégées de tous côtés par cet amphithéâtre de rochers, les rives du Sörfjord jouissent d'une température

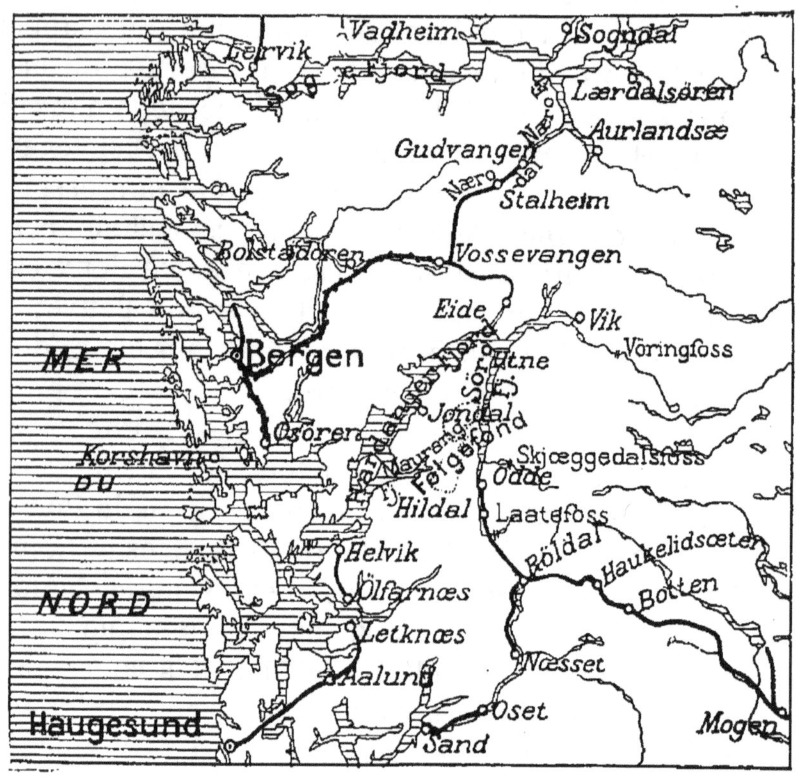

Carte du pays de Voss et de Hardanger.

remarquablement douce et uniforme, et, dans ce climat privilégié, les malades viennent en hiver chercher la santé. Le Hardanger est la côte d'Azur de la Norvège.

Le vapeur avance et le goulet devient de plus en plus étroit. Maintenant ce n'est plus qu'une fente entre deux énormes montagnes. Au-dessous de la surface de l'eau, ce creux gigantesque se continue

11

à une profondeur invraisemblable. Dans ce fleuve marin la sonde tombe à 550 mètres. La terre s'est cassée là en un abîme de 2000 mètres que l'Océan est venu ensuite remplir sur un tiers de sa hauteur.

Aujourd'hui, chargée de sédiments de diverses origines, la nappe d'eau est lourde et trouble. L'hiver, au contraire, elle devient d'une telle transparence que les escarpements des rives demeurent visibles jusqu'à une profondeur considérable. La vue de ces gouffres est alors si nette qu'elle donne, dit-on une sensation de vertige [1]. Cette variation périodique dans la transparence de l'eau a des causes très diverses. En hiver, les torrents issus des glaciers étant congelés, ne déversent que peu ou point de sédiments dans la baie; en second lieu, le sol se trouvant couvert de neige, le vent apporte à la surface du fjord une beaucoup moins grande quantité de poussières qu'en été. Au printemps, les eaux sont, d'autre part, troublées par un phénomène d'ordre organique. Alors que le fjord est encore très transparent, les couches profondes sont tout à coup obscurcies par places par un liquide floconneux d'apparence huileuse. En pareil cas, les indigènes disent que « la germination a commencé dans la mer ». D'après ces observations, l'opacité des eaux serait déterminée par les germes de la flore marine [2]. Il est en effet très probable que le développement du *plankton*, c'est-à-dire des micro-organismes en suspension dans les eaux, influe dans une large mesure sur ce phénomène.

---

1. S.-A. Sexe, *Mærker efter en Iistid i Omegn af Hardangerfjorden*, Kristiania, 1866, p. 1.
2. S.-A. Sexe, *ibid.*, p. 6 et 24.

Au bout du fjord le village d'Odde, avec de grands chalets-hôtels, comme à Vossvangen. Depuis dix-huit ans, date de mon premier voyage, tout ce pays s'est complètement transformé; partout de spacieux caravanserails ont été construits. Ce qui me frappe le plus dans ce changement rapide, c'est la persistance de l'honnêteté chez les indigènes. Leur fierté les a gardés de la déchéance morale où l'âpreté au gain a fait tomber certaines populations de l'Europe au contact des voyageurs.

Odde, tête de ligne de la route du Telemark, point de départ de nombreuses excursions, est un des centres les plus visités. Sur les stations d'été de la Suisse, celles de Norvège présentent l'avantage d'offrir à leurs hôtes une très grande variété de distractions. Ici, si vous êtes amateur de canotage et de pêche, vous vous trouvez entre un fjord et un lac; voulez-vous chasser, le renne se rencontre dans les massifs voisins; avez-vous la passion des ascensions sur les glaciers, vous pouvez tour à tour explorer le Hardangerjökel, le Folgefonn, le Tresfonn. Maintenant, aux grands horizons de la montagne, préférez-vous les cascades, vous n'avez que l'embarras du choix. Toutes les vallées voisines sont des châteaux d'eau. A une journée d'Odde se précipite le Skjæggedalsfoss, une des plus célèbres chutes de la Norvège [1], et, sur la route du Telemark, culbute le Laatefoss, la promenade classique des voyages circulaires.

Fatigué du bruyant spectacle, toujours pareil, de ces panaches d'eau, je vais visiter le Buarbræ, un émissaire du Folgefonn, qui avance jusque dans le bas d'un vallon, à quelques kilomètres d'Odde.

1. Excursion d'une journée, aller et retour.

D'accès très facile, ce courant de glace est le glacier des Bossons de la Scandinavie. Un tourniquet n'a pas encore été placé à l'entrée du ravin, mais il ne faut désespérer de rien. En attendant, un aubergiste a construit un pavillon, au bord même du Buarbræ.

La promenade commence par l'escalade d'un énorme monticule, une puissante moraine quaternaire bouchant complètement la vallée au-dessus des maisons d'Odde. Retenues par cet obstacle, les eaux se sont en amont épanchées en une longue nappe, le Sandvenvand. A l'extrémité supérieure de la plupart des ramifications du Hardangerfjord existent de semblables lacs : le Gravesvand, près d'Eide, et l'Öifjordvand, au fond de la branche la plus interne du bassin. Sur les bords du Nordfjord, l'Opstrynvand et l'Oldenvand ont été formés dans les mêmes conditions. Les lacs de cette catégorie sont très nombreux en Norvège. Ces bassins occupent des parties de la cuvette fjordienne qui ont été isolées du reste de la baie par des dépôts glaciaires; tous, en effet, atteignent une profondeur dépassant le niveau du fjord voisin [1].

Les différentes moraines situées sur les rives du Hardanger sont toutes coupées de ces étagements de gradins qui sont un des traits caractéristiques des paysages norvégiens. Sur le talus faisant face à la mer, celle d'Odde présente un escalier de cinq mar-

		Altitude.	Profond. maxim.	Prof. de la cavité en dessous du niveau du fjord.
1.	Sandvenvand	86	122	36
	Öifjordvand	13	72	59
	Gravensvand	25	86	61

D'après S.-A. Sexe, *Mærker efter en Iistid i Omegn af Hardangerfjord*, Kristiania, 1866, p. 15 et 16, 31, 32.

ches inégales correspondant aux différents niveaux atteints successivement par les eaux. La moraine située au débouché du Kinso est également entaillée par cinq gradins, tandis qu'on n'en compte que quatre à Eide. Dans ces trois localités, aucune concordance n'existe entre les altitudes respectives des terrasses [1]. Il n'est guère vraisemblable qu'entre des points aussi rapprochés que Odde et le Kinso [2], le soulèvement du sol se soit manifesté avec une telle inégalité. En second lieu, sur ces gradins on ne trouve, à ma connaissance, aucun débris d'animaux marins indiquant avec certitude leur origine océanique. Les terrasses, dans cette partie du Hardanger, n'ont donc pas été produites par un changement permanent dans les niveaux respectifs de la mer et de la terre, et, à mon avis, doivent être considérées comme des formations lacustres. Alors que les glaciers quaternaires déposaient les moraines d'Odde, du Kinso, de l'Öifjordvand et du Gravensvand, la branche principale du fjord était occupée par un puissant courant de glace fermant complètement les goulets latéraux. Derrière ce barrage cristallin, ces bassins étaient remplis par des lacs dont le niveau variait. Actuellement, autour de l'*inlandsis* du Grönland, on peut voir des nappes d'eau formées dans les mêmes conditions.

Mais revenons à notre excursion au Folgefonn. Un canot à vapeur vous transporte sur le Sandvenvand,

---

1. Altitudes des terrasses morainiques dans le Hardangerfjord.

	Sandvenvand.	Au débouché du Kinso.	Gravensvand.
Ire terrasse...	3^m76	5^m64	9
2e —	13^m49	22	14^m74
3e —	25	43	30^m74
4e —	29	64	48
5e —	92	75	

2. La distance entre ces deux localités est de 38 kilomètres.

et, après cette navigation, je poursuis à pied à travers le Buardal. Des champs d'orge, des bois, des pâturages et par derrière cette fraîche verdure l'écroulement livide du glacier. Une gigantesque cataracte de glace accolée à l'escarpement du plateau ; un hérissement d'aiguilles et de pignons blancs, déchiré de crevasses bleues, se détachant sur l'azur immaculé avec le relief cru d'un mur crépi à la chaux. Telle une puissante cascade subitement congelée. Se mouvant sur une pente vertigineuse, le Buarbræ est tout entier disloqué ; fréquemment de sa masse branlante se détache quelque énorme bloc et un grondement terrible d'avalanche passe dans le silence de cette nature morte.

Le Folgefonn, dont les neiges alimentent le Buarbræ, couvre une surface de 280 kilomètres carrés, soit trois fois et demie la superficie de Paris. Après le Jostedal et le Svartis [1], c'est le glacier le plus étendu de la Norvège et par suite de l'Europe continentale. Comme le premier de ces deux massifs, il a le caractère d'un glacier polaire, en d'autres termes d'un *inlandsis*. La nappe supérieure, perchée sur un plateau à 1 300 mètres au-dessus du Hardanger, s'étend en une plaine triangulaire partagée en trois massifs inégaux par deux ravins dépouillés de glaciation. Le plus étendu est situé dans le sud, tandis que le plus élevé (1 634 m.) s'élève à l'extrémité nord du plateau. Imaginez un cube haut de 1 300 mètres, recouvert d'une coupole de glace s'épanchant le long des parois du bloc en longues franges.

Les pentes du dôme sont douces et régulières, aussi les indigènes ont-ils eu l'idée originale d'y

1. Dans le Nordland (Norvège septentrionale).

organiser des courses en traîneaux pour les touristes.
Au cœur de l'été, les amateurs de ce genre de loco-
motion peuvent traverser le glacier en cet équipage [1].

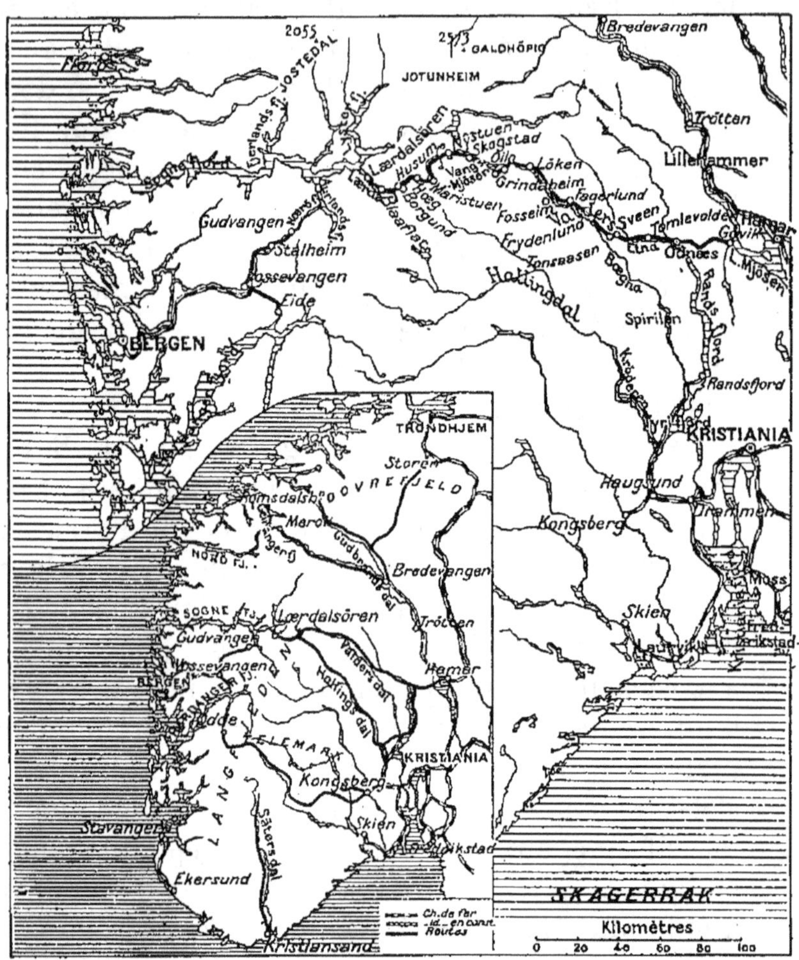

Itinéraire à travers le Valders.

1. Pour la traversée du Folgefonn en traîneaux, deux points
de départ, tous deux situés dans le bassin du Maurangerfjord
(versant occidental) : 1° la hutte des Touristes de Gotskalk
Gjerde, accessible à cheval ; 2° le chalet de Garhammer dans la
vallée de Bondhus. Le premier itinéraire, plus facile, aboutit
à Tokeim, en aval d'Odde, le second au Buarbræ.

L'uniformité de la haute plaine du Folgefonn, de même que celle des plateaux supérieurs du Jostedal et du Svartis, met en évidence le rôle protecteur exercé par les carapaces glaciaires sur le sol qu'elles recouvrent. On se trouve ici en présence d'un terrain qui sous son enduit cristallin a, depuis les temps géologiques, gardé son aspect primitif. Les glaciers préservent les roches contre les érosions comme la peinture conserve le fer.

Devant le Buarbræ les touristes qui ont quelque expérience des glaciers des Alpes ne manqueront pas d'être étonnés par le faible relief des moraines et par la nature des matériaux qui les constituent. Les *inlandsis* n'étant pas dominés par des cimes rocheuses, aucun débris détritique ne tombe à leur surface ; seuls, leurs émissaires dans le trajet du plateau supérieur au bas de la vallée reçoivent quelques pierres des parois rocheuses avoisinantes. Le phénomène morainique dépend beaucoup moins de la puissance de la glaciation que de l'étendue des surfaces rocheuses qui encadrent le glacier.

Les moraines actuelles du Buarbræ sont constituées par des graviers et des cailloux, souvent arrondis comme s'ils avaient été roulés par les eaux. Ce facies très fréquent sur les débris rejetés par les glaciers polaires est produit par le glissement de la masse de glace par-dessus les pierres éparses à la surface du sous-sol rocheux.

Tout le monde a gardé le souvenir de l'épouvantable catastrophe de Saint-Gervais, et tout le monde se rappelle la stupeur causée par cette effroyable trombe de boue. Si l'hydrologie glaciaire avait été mieux connue en France, ce cataclysme eût causé moins d'étonnement. Ces terribles inondations sont en effet des phénomènes glaciaires absolument normaux. Si, fort heureusement, dans les Alpes ils sont rares, ils présentent une très grande fréquence dans les régions boréales et arctiques. Au Grönland, les torrents issus de l'*inlandsis* éprouvent parfois des débâcles terribles. Subitement leur volume augmente dans des proportions énormes et un flot dévastateur passe dans la vallée, charriant des blocs de glace, des quartiers de roches, des amas de graviers et de boue. En Islande, sur les cours d'eau alimentés par des glaciers, le même phénomène se produit sous le nom de *Jökulhlaupt* [1]. Au Spitsberg, sir Martin Conway et M. Garnwood ont découvert en plusieurs endroits les vestiges de cataclysmes survenus dans les mêmes conditions qu'à Saint-Gervais. En Norvège également les glaciers donnent naissance à de semblables inondations. Plusieurs de ces déluges d'eau et de glace ont été signalés dans la région du Jostedal et du Jotunheim. A l'extrémité orientale du Hardanger, une vallée est périodiquement dévastée par un torrent issu de la nappe glacée du Hardangerjökel. Enfin, il y a une soixantaine d'années environ, une coulée d'eau, de glace, et de boue sortit du glacier du Kjeringbotn (versant sud du Folgefonn) et ravagea toute la région. Ces trombes sont produites par l'écoulement subit de nappes d'eau amassées, soit sur les flancs, soit sur la surface, soit sur le lit ou même dans l'épaisseur du glacier, à la suite de la rupture de la digue qui avait déterminé l'accumulation des eaux. Ces phéno-

---

1. Dans cette île, ces débâcles sont le plus souvent déterminées par des éruptions volcaniques survenant au milieu des glaciers. Parfois également elles sont dues à des phénomènes uniquement glaciaires.

mènes dévastateurs se trouvent dans une étroite dépendance des formes topographiques du terrain et des variations du régime des glaciers et affectent par suite une périodicité calamiteuse.

La présence des vastes nappes de glace du Folgefonn au-dessus de l'admirable verdure du Hardanger semble absolument extraordinaire. Aussi bien, dans leurs naïves croyances, les indigènes attribuent-ils la formation de ce glacier à une cause surnaturelle, au juste courroux de la divinité outragée. Jadis, raconte la légende, fleurissait sur le sommet du Folgefonn, une verte campagne; partout s'étendaient des prés et des cultures. Pas moins de sept paroisses occupaient alors le plateau. Mais ces montagnards étaient une race d'impies. Pour les punir de leur manque de foi, Dieu tout-puissant fit tomber sur leurs terres une épaisse chute de neige qui ne disparut plus ensuite. Sous le tourbillon des flocons denses les terres et les maisons furent ensevelies et les habitants demeurèrent étouffés. Seule une jeune fille réussit à échapper au désastre et à gagner le bas de la vallée, apportant comme un avertissement la nouvelle du terrible châtiment divin [1]. Cette légende se retrouve en Suisse et en Tirol; il y a quelques années, elle m'a été également contée à peu près dans les mêmes termes au pied du glacier de Charbonel, la plus haute cime de la Savoie méridionale. Dans toutes les régions montagneuses de l'Europe, l'imagination populaire fournit la même explication de la formation des glaciers. Tant il est vrai que les hommes possèdent un même fond commun de croyances et de traditions.

1. S.-A. Sexe, *loc. cit.*, p. 3.

Après cette visite dans le Hardanger, je revins à Vossvangen, pour me diriger vers le Sognefjord.

13 juillet. — Une matinée radieuse. Sous un clair soleil joyeux le paysage luit dans une fraîcheur exquise, parfumée de senteurs de foin et de bois : l'heure de la jeunesse de la nature dégageant une sensation de bien-être et de bonheur.

A 8 heures, nous montons en *kalesche*; aussitôt après, en route. La kalesche est un simple vis-à-vis, très léger. Oh! combien peu pittoresque en comparaison de la *kariol* et de l'archaïque *stolkjærre*! en revanche, la voiture est commode, spacieuse, et sans aucune fatigue une femme peut faire en cet équipage des étapes de 100 kilomètres par jour : une expédition que je n'engagerai personne à entreprendre en *stolkjærre*. Après dix-huit ans je garde encore le souvenir d'un voyage de 30 lieues fait dans une seule journée en ce primitif véhicule.

De Vossvangen à Stalheim, 39 kilomètres, toujours en montant. Comme toutes les vallées norvégiennes, celle du Vossestrandselv s'élève en gradins et chaque gradin abrite un lac. Sur la surface absolument unie de ces nappes, les moindres détails du cadre se reproduisent avec une netteté si parfaite que la démarcation entre la terre et l'eau devient invisible; on a l'illusion d'immenses glaces placées là pour agrandir la scène. Plus loin, une gorge boisée bruissante de cascades. Partout de belles eaux claires et limpides, vertes comme les prairies au milieu desquelles elles chantent, et partout une merveilleuse verdure, une nature éclatante de gaieté et de vie.

Le défilé s'élargit; au milieu d'une forêt de pins, un nouveau lac fait une longue tache bleue dans la rougeur des troncs frappés par le plein soleil de midi.

Midi! tout l'espace flamboie; les hautes cimes grises luisent comme des plaques d'acier; en bas, la terre surchauffée rayonne une chaleur lourde. Et nous sommes venus chercher ici la fraîcheur!... Derrière la plaine bombe un mamelon rocheux entre les côtes abruptes d'âpres montagnes dénudées. Nos petits chevaux lancés à fond de train gravissent la pente avec ardeur; ce rude coup de collier nous amène à Stalheim. Inopinément, sans que le moindre mouvement de terrain nous y prépare, le sol s'ouvre sous nos pas; un précipice vertigineux, une énorme et profonde crevasse dont la vue fait passer un frisson d'effroi. La terre, disloquée par quelque convulsion géologique, est fendue là en une longue et étroite fissure au milieu d'un entassement de montagnes rugueuses. Ce gouffre effrayant est le fameux Nærödal, un des paysages les plus justement célèbres de la Norvège. Et l'impression produite par cette fracture étrange est d'autant plus saisissante qu'elle est absolument inattendue. Depuis Vossvangen on chemine au milieu de pâturages et de forêts; la route fait un coude, escalade un monticule, et tout d'un coup se découvre la crevasse du Nærödal dans un panorama de cimes sauvages, dénudées, écorchées d'éboulements.

Au bord du gouffre est situé Stalheim, composé purement et simplement d'un hôtel et de ses dépendances, une construction en bois encore plus vaste que l'Hôtel Fleischer à Voss. L'établissement contient deux cents chambres et une salle à manger grande comme une petite église; tout cela, très propre, astiqué et reluisant, une immense baraque en pitchpin; un grand caravansérail construit sur le modèle des stations d'été de la Suisse.

Nous déjeunons, et, aussitôt après, nous nous acheminons vers le Nærödal. Le Stalheimsklev, la paroi de roche qui bouche la vallée, est haute de 250 mètres; pour descendre au fond du gouffre, la route serpente en seize lacets le long de l'escarpement. Au bas, de chaque côté, des falaises polies montent à pic à plus de 1 000 à 1 200 mètres. Entre les deux lèvres de la crevasse un tout petit pan de ciel est visible. En avant et en arrière se dressent également d'autres murailles rocheuses; partout l'horizon est bouché par un entassement formidable de très hautes montagnes, si bien qu'en hiver jamais le soleil n'éclaire le fond de la vallée. On a une impression d'étouffement comme au fond d'un puits. De tous côtés les falaises sont striées par des blancheurs de cascades se résolvant en poussière d'eau, ou écorchées par des éboulements qui ont ouvert de profondes plaies dans l'épaisseur des rochers.

Un peu plus loin le défilé se trouve rempli par une nappe d'eau. Nous arrivons à Gudvangen, sur les bords du fameux Næröfjord, où nous nous embarquons sur un vapeur local à destination de Lærdalsören. Le goulet est large de moins de 1 kilomètre et sur ses deux rives la pierre sort de l'eau à pic pour se dresser en parois verticales, absolument comme dans le Nærödal. Représentez-vous un fleuve énorme engouffré dans une profonde crevasse, une colossale gorge du Trient ou du Fier inondée par la mer. L'escarpement des rives se continue en dessous comme en dessus de la surface de l'eau; sans crainte de toucher, des vapeurs de 5 000 tonnes et même plus peuvent passer au ras des rochers.

Insensiblement le chenal s'élargit, et bientôt le vapeur débouche dans l'Aurlandsfjord, puis dans le

Sognefjord tout ensoleillé. Le Sognefjord et le Hardangerfjord sont les deux plus célèbres défilés marins de la Norvège méridionale! Auquel des deux donner la préférence? Le Hardanger, paré d'une végétation absolument étonnante pour la latitude, enveloppé des fééries de la légende, a un charme pénétrant, avec ses paysages tour à tour gracieux et sévères; le Sogne, plus sauvage, laisse une impression profonde de grandeur triste.

Le Sogne est le plus long des fjords de la Norvège. Sur une distance de 170 kilomètres il s'ouvre au milieu des montagnes en un large chenal ramifié à droite et à gauche en étroits goulets. Un étoilement de crevasses envahies par la mer. Chacun de ces baies secondaires a un caractère particulier. Au sud, c'est le sombre Næröfjord; de l'autre côté s'enfoncent, dans l'épaisseur du Jostedal le Fjarlandsfjord, terminé par un mur de glaciers, pareil à une haute vallée des Alpes inondée à la suite de quelque cataclysme, plus loin le Lysterfjord aux horizons de verdure blanchis par des neiges lointaines, puis l'Aurdalsfjord, conduisant au Jotunheim, l'Oberland norvégien.

Le Sognefjord forme un nouveau coude, et, au bout de ce corridor, Lærdalsören groupe ses petites maisons grises sur une plaine verte. Nous arrivons au terme de notre navigation.

A gauche, dans la buée violette du crépuscule, deux grands bâtiments à l'ancre blanchissent la moire satinée de l'eau grise : le *Hohenzollern* et son cuirassé d'escorte, le *Gefion*. Cette année Guillaume II a choisi le Sognefjord comme centre de son traditionnel voyage en Norvège.

La vue du *Hohenzollern* nous fait passer un mauvais quart d'heure. Un voisinage impérial n'est pas

précisément agréable pour de simples touristes. Peut-
être l'empereur et sa suite occupent-ils tout l'hôtel et
serons-nous condamnés à gîter sous les toits ou dans
le fenil. Aussi dès que le vapeur a acculé, je saute
dans une *stolkjærre* et file à toute vitesse vers Lær-
dolsören.

Le *kaiser* a eu la bonne idée de rester à son bord,
et sans aucune difficulté nous trouvons un excellent
gîte.

CHAPITRE IX

La route du Valders. — L'empereur Guillaume II. — L'église
de Borgund. — Le col du Filefjeld. — La descente.

A Lærdalsören commence la traversée des montagnes. De ce village à Odnæs, situé à l'extrémité
supérieure du Randsfjord, sur le versant oriental, la
distance est de 217 kilomètres. Si le temps est beau,
en trois jours nous effectuerons ce trajet.

14 juillet. — Dès le matin, le village est traversé
par des galops de chevaux, et partout c'est un amusant mouvement de préparatifs de départ. On tire
les voitures des remises, on attelle, on arrime les
bagages; tout cela posément, sans gestes ni cris, avec
cette gravité imperturbable que les Norvégiens affectent dans tous leurs actes. Tout à coup, au milieu de
cette lenteur silencieuse, résonne le bruit d'une che-
vauchée rapide. Guillaume II traverse Lærdalsören
en *kariol*, à la tête d'une nombreuse caravane, pour
aller visiter la vieille église de Borgund, à 30 kilomètres dans la montagne, sur la route de Valders. Sans
garde ni escorte, en *knickerbocker* et en vareuse
grise, l'empereur, la mine souriante et joyeuse, a

l'air d'un simple touriste enchanté de prendre ses vacances. Évidemment il éprouve un plaisir profond à laisser derrière lui les soucis et les responsabilités pour courir la montagne dans la fraîcheur matinale de cette belle journée. A l'expression de satisfaction et de bien-être qui éclate sur son visage on devine dans cet homme jeune et vigoureux un admirateur profond de la nature. Guillaume II ne ressemble guère aux photographies et aux portraits officiels. Le *kaiser* n'a point le type allemand; de taille moyenne, le teint très foncé, le corps souple, on le prendrait pour un Anglais, surtout dans son accoutrement de bicycliste. La vivacité du regard est frappante; son œil bleu a une expression de finesse et d'intelligence qui éclaire toute la physionomie.

A huit heures notre équipage avance; aussitôt nous partons sur les traces de l'empereur, en compagnie de quatre aimables Parisiens qui se rendent comme nous à Kristiania par le Valders; la plus heureuse des rencontres, qui transforme notre voyage en une partie pleine d'entrain et de gaieté.

Avant le départ, nous commandons par téléphone notre dîner à Borgund. Toutes les stations postales sont reliées par un fil téléphonique; grâce à cette organisation, les repas et les chambres se trouvent prêts à votre arrivée aux étapes : d'où une économie considérable de temps. Sur toutes les principales routes de Norvège, un service semblable fonctionne dans d'excellentes conditions. Le prix de la conversation ne coûte que 25 centimes, quelle que soit la distance, et la communication s'obtient au premier appel!

La route remonte la vallée du Lærdalselv, très large et très poussiéreuse; une profonde fracture qui continue au milieu des montagnes le long fossé du Sognefjord.

A 11 kilomètres de Lærdalsören, première station. On laisse les chevaux souffler une bonne demi-heure.

Lærdalsören. L'empereur Guillaume II en *kariol*.
Dessin de Gotorbe.

L'étape sera pénible aujourd'hui : 67 kilomètres d'une rude montée. Du bord de la mer au sommet du col, que nous atteindrons dans la soirée, la différence de niveau n'est pas moindre de 1 000 mètres. Il est donc prudent de ménager les chevaux. En montagne, le marcheur lent et mesuré dans son pas arrive seul au but.

La route contourne un gros monticule; les falaises se rapprochent, pour former une gorge sauvage.

Pendant deux heures nous cheminons dans un étroit défilé rempli par un bruyant torrent aux eaux cristallines. Au-dessus de nos têtes, le roc nu se dresse en crêtes fantastiques, et tout autour de nous des cascades blanchissent d'écume frémissante la pierre brute et aride. Au fond de cette crevasse la chaleur réverbérée par les montagnes est intolérable; l'abri de deux ombrelles superposées est insuffisant pour nous préserver de l'ardeur du soleil; un instant il nous semble que nous allons être frappés d'insolation. Et, toutes les dix minutes, les chevaux trempés de sueur s'arrêtent pour boire. Au passage des ruisseaux, et Dieu sait s'ils sont nombreux, sont disposés le long de la route, de petits abreuvoirs; jamais un cheval ne passerait devant un de ces réservoirs sans y faire halte. Contre ces libations répétées nos protestations restent vaines. Les bêtes d'abord, les voyageurs ensuite. Les cochers norvégiens sont dignes des plus hautes récompenses dont disposent les sociétés de protection des animaux.

Au bout du défilé s'ouvre un bassin de verdure, hérissé par le toit pyramidal de l'église de Borgund : une *stavekirke* comme celles de Fantoft et d'Hitterdal; un entassement bizarre de pignons et de clochetons en bois, pareil à une pomme de pin dressée en l'air. L'église date, dit-on, de 1138. Le bois a une patine noire qui lui donne l'aspect d'un édifice incendié.

Lorsque nous arrivons devant l'église, l'empereur achève de déjeuner sur l'herbe. Un seul agent de police est chargé de veiller à sa sûreté et de tenir éloignés les indigènes, qui, du reste, ne manifestent aucune curiosité. Une demi-heure plus tard, Guillaume II passe à quelques mètres de nous, sous le

L'église de Borgund.
Dessin de Boudier, d'après une photographie de M. Charles Rabot.

feu d'une batterie d'objectifs. J'obtiens pour ma part le cliché reproduit ci-contre, au moment où il longe le cimetière de Borgund.

Guillaume II devant l'église de Borgund. Dessin de Gotorbe, d'après une photographie instantanée de M. Charles Rabot.

.....Le pays devient désert; de loin en loin, un *gaard* d'aspect misérable. Très primitive la construction des étables : des murs de cailloux roulés et de blocs non équarris, un appareil cyclopéen très grossier avec des jointements de gazon et de tourbe. Ces constructions présentent la plus étrange ressemblance avec les fameuses ruines nordiques du Grönland, les vestiges des habitations élevées au XIe siècle sur cette terre glacée par les anciens Normands. Tout près, un ancien *tumulus* marqué par une pierre levée.

Laissant à droite le vallon conduisant au Hallingdal, la route du Valders traverse une ancienne moraine, pour grimper ensuite sur la montagne à une grande hauteur. En certains endroits, la pente est absolument abrupte; à chaque coup de collier de l'attelage pour enlever l'obstacle, nous glissons au fond de la voiture les jambes en l'air. A l'endroit le plus vertigineux, sur une corniche au-dessus d'un précipice épouvantable, un cheval, effrayé par la raideur de la déclivité, s'arrête court à mi-côte et recule; la voiture dégringole en arrière, nous n'avons que le temps de sauter. Nos compagnons arrivent prestement à la rescousse, empoignent solidement les roues et arrêtent le véhicule dans sa descente inquiétante. C'est un jeune cheval, raconte flegmatiquement le cocher; il n'a jamais encore fait la route et il a eu peur de la pente. Ce dressage, au risque de faire rouler ses voyageurs dans quelque ravin, lui semble la chose la plus naturelle du monde! Heureusement la poste arrive derrière nous, une *kariol* conduite par un gamin de douze ans. L'enfant nous prête son cheval; grâce à ce renfort, nous réussissons à sortir de ce mauvais pas.

La route n'est pas plus dangereuse que celles qui traversent les hauts passages des Alpes, mais ici le pays est presque désert, et en cas d'accident grave,

Gorge de Maristuen.
Dessin de Taylor, d'après une photographie de M. Charles Rabot.

la situation ne laisserait pas d'être critique. Aussi bien, pour être en mesure de se porter mutuellement assistance, les cochers ont-ils l'habitude de cheminer de conserve et ne perdent jamais de vue

Menhir dans le Lærdal. Dessin de Gotorbe.

les différentes voitures qui composent la caravane de la journée.

Encore quelques raidillons, puis nous arrivons à la station de Maristuen, grande construction en bois dans le genre de Stalheim. Situé à l'altitude de 780 mètres, cet hôtel peut être choisi pour un séjour d'été, d'autant qu'aux environs les distractions ne manquent pas pour les chasseurs comme pour les alpinistes. Sur les montagnes voisines, le renne sauvage n'est pas rare, et plusieurs sommets d'accès facile, situés à proximité, offrent un panorama étendu sur les massifs du Jotunheim et du Jostedal.

Après un repos d'une heure, nous repartons pour aller coucher à Nystuen, la station suivante. Une nouvelle étape de 17 kilomètres et une nouvelle ascension de 220 mètres. Encore une gorge grandiose, couronnée de bouleaux, frémissant sous le vent des cascades. Au delà la route débouche sur le Filefjeld, le point culminant du passage (1 009 m.).

Une haute plaine sauvage, ridée d'ondulations courtes et escarpées comme des vagues. Les chevaux, lancés à fond de train, gravissent d'un bond ces monticules et redescendent au galop la contrepente pour attaquer avec la même allure les mamelons suivants; cela donne une impression de montagnes russes, en vous faisant passer un frisson d'émotion.

Une solitude d'une tristesse aiguë; de grandes masses de rochers, gercés, balafrés de vert-de-gris, une terre hérissée de tumeurs et au pied de ces monts de maigres alpages avec des lacs noirs et des tourbières brunes. Au-dessus un ciel d'un fin bleu d'acier, blanchi par la lueur décolorée du crépuscule; une impression de froid et de désert lugubre.

Toujours la route contourne des lacs, monte et descend des monticules; toujours le plateau s'étend sans fin et sans vie comme une terre morte. Mais voici que l'alpe solitaire s'anime d'un murmure confus de sonnailles et de rumeurs de bétail en marche. De longues caravanes de vaches et de chèvres descen-

dent de la montagne et se réunissent en troupes serrées autour de chalets éclairés de grands feux. C'est
le tableau toujours si pittoresque de la rentrée des
troupeaux, de la vie sur les cimes longtemps glacées
par l'hiver.

Après les pêches, l'industrie pastorale est une des
principales ressources de la Norvège [1]. Elle est particulièrement développée dans les trois départements
de Romsdal, de Nordre Bergenhus et de Kristians [2].
Ses produits servent dans une notable proportion à
l'alimentation des habitants; le surplus est exporté
sous forme de beurre, de lait condensé et de fro-
mage [3].

En Norvège, cette industrie est loin d'être arrivée

[1]. Population bovine en 1890 :

	Effectif total.	Nombre des animaux par 1 000 hab.	Nombre des animaux par 1 000 hab. ruraux.
Royaume de Norvège...	1 006 499	503	
Norvège au sud de Throndhjem..........	843 119		682

Population ovine et caprine en 1890.

	Effectif total.	Nombre des animaux par 1 000 hab.	Nombre des animaux par 1 000 hab. ruraux.
Royaume de Norvège...	1 689 982	844,6	
Norvège au sud de Throndhjem..........	1 344 716		1 088

[2]. Proportion du bétail par 1 000 habitants :

	Espèce bovine.	Espèce bovine et caprine.
Romsdal....................	734,2	1 580,6
Nordre Bergenhus..........	1 006	2 310,4
Kristians	858,5	1 258,7

[3]. Exportations des produits de l'industrie pastorale en

	1895 en kilogr.	1896
Fromage....................	57 603	60 565
Beurre....................	785 690	894 810
Lait condensé.............	2 914 566	3 501 032

au degré de perfectionnement qu'elle atteint en Suisse et dans nos Alpes.

Sur le Filefjeld habite un Lapon avec son troupeau de rennes. Dans aucune autre partie de la Scandinavie, ces nomades ne descendent à une latitude aussi méridionale. Après être restés pendant longtemps stationnaires sur le plateau de Röros, les Lapons ont, depuis quelques années, commencé à s'étendre au delà de la haute vallée du Glommen. Tandis que, dans le nord de la péninsule, ces nomades sont lentement repoussés par la colonisation scandinave, peu à peu ils essaiment en petits clans sporadiques vers les régions du sud.

Une blancheur apparaît au bord d'un lac. Voici enfin Nystuen, le terme de notre étape : une gentille petite auberge avec des chambres très simples, mais très propres. Sur toutes les routes fréquentées, comme celles du Valders, les misérables stations de poste qui, il y a dix ou douze ans, constituaient les seuls refuges des touristes, ont été remplacées par des hôtels spacieux. Seuls dans tout le pays, les cuisiniers me paraissent réfractaires au progrès. Les gens délicats feront donc bien de ne jamais entreprendre une excursion un peu longue sans se munir d'une petite provision de bonnes conserves.

15 juillet. — Devant le Filefjed la vallée de la Bægna s'ouvre en un large entonnoir, et la route descend en lacets rapides à travers des tourbières et des saulaies grises.

La montagne âpre et stérile est maintenant passée. Les premières cultures [1] tapissent les flancs de la

---

1. A Skogstad, à l'altitude de 574 mètres, seigle et pommes de terre ; 100 mètres plus bas, les premiers sapins.

vallée, et au milieu des bois et des pâturages scintille
une longue suite de lacs. En dessous de Skogstad,
voici une première nappe, puis une seconde plus
étendue, le Vangsmjösen, longue de 30 kilomètres,
terminée par une gorge rocheuse que la route tra-

La station de Skogstad. Dessin de Gotorbe.

verse sur une corniche, le Kvamsklev. Le passage
est dangereux au printemps; à l'époque du dégel,
des avalanches de pierres se détachent des parois
surplombantes, et, dans une pensée de sage prudence, le chemin a été recouvert d'une solide char-
pente aux endroits les plus exposés.

Passé ce défilé, nous arrivons à Oïlo, la station du
dîner, au moment où trois cyclistes partent pour le
Filefjed. Ils sont parvenus jusqu'ici très aisément, et
ne comptent mettre pied à terre que pour la rude

montée de Skogstad à Nystuen. D'année en année les cyclistes arrivent de plus en plus nombreux en Norvège. Ici le terrain se prête du reste à ce sport beaucoup mieux qu'en Suisse. S'élevant sur le versant oriental en terrasses étagées, c'est-à-dire en paliers plus ou moins longs séparés par des gradins abrupts, il permet d'atteindre sans grands efforts une très grande hauteur; une fois parvenu au faîte du relief, on n'a plus qu'à descendre. Mais de ce côté gare aux emballements!

Oïlo est un des séjours préférés par les peintres norvégiens dans cette région pittoresque. D'après les renseignements des *Guides*, en souvenir de leur passage les artistes auraient couvert de paysages et de scènes de genre les murs d'une chambre de l'auberge; il y aurait là un petit musée très intéressant d'œuvres scandinaves modernes. Lorsque nous demandons à l'hôtesse de nous montrer cette fameuse pièce, la brave femme éclate de rire. « Venez voir ma galerie », et elle nous conduit dans une chambre absolument nue où tout d'abord nos yeux étonnés n'aperçoivent rien. Enfin, en regardant bien, nous découvrons deux ou trois esquisses grandes comme la main. C'est une des plus amusantes des nombreuses mystifications dont les *Guides* égaient les voyages aux dépens des touristes.

Plus loin, une nouvelle traînée de lacs, au milieu d'une vasque de verdure. Dans une fin de jour décolorée, une buée violette enveloppe la vallée d'ombres mystérieuses. Pas un bruit, pas un frémissement dans l'eau ou dans les arbres; la nature entière s'est tue, enveloppée dans une grande torpeur triste de jour inanimé. Fjords, lacs, vallées ou montagnes, tous ces paysages norvégiens, quels qu'ils soient,

laissent cette même impression de tristesse aiguë
et de navrement, cette même sensation de monde
maladif qui va s'éteindre dans le mystère.

L'église d'Oie, sur les bords du Vangsmjösen.
Dessin de Boudier, d'après une photographie de M. Charles Rabot.

A dix heures du soir, nous arrivons à Fagernæs.
Aujourd'hui l'étape a été longue, 81 kilomètres.
Néanmoins les attelages ne paraissent pas sentir la
fatigue ; à l'arrivée ils trottent avec le même entrain
qu'au départ. Pendant la saison des voyages, ces
pauvres bêtes sont au régime de 60 à 80 kilomètres
par jour.

A Fagernæs, la maîtresse d'hôtel parle français. Le fait vaut la peine d'être signalé; l'usage de notre langue est si peu répandu en Norvège! En dehors du personnel des grands hôtels de Kristiania, de Bergen et de Throndhjem, vous ne trouverez ni aubergiste, ni guide, ni cocher avec lequel vous puissiez échanger un mot. En revanche, tous les Norvégiens qui se trouvent en relation avec les touristes, baragouinent l'anglais; les deux langues présentent du reste une très grande similitude. Il y a trente ans encore le français avait une situation privilégiée; c'était l'idiome étranger toujours employé par les Scandinaves pour communiquer aux étrangers leurs idées ou leurs recherches. Ici comme partout, absorbés par les niaiseries de la politique intérieure, nous avons abandonné nos positions. Aujourd'hui dans tout le nord, l'anglais est la langue du commerce, l'allemand l'idiome scientifique, et le français la langue de luxe. Tout le monde l'admire, vante son élégance et sa souplesse, de même que tout le monde célèbre la qualité de nos produits industriels, mais pas plus de l'un que des autres personne ne se sert plus.

Fagernæs est situé au milieu des bois, sur les bords d'un lac très pittoresque. La position est charmante; il n'y a qu'une ombre au tableau, commune, il est vrai, à la plupart des localités de l'intérieur des terres. Les moustiques sont ici assez nombreux, pas aussi abondants qu'en Laponie, mais en quantité cependant suffisante pour incommoder les personnes qui ont la peau fine.

16 juillet. — De Fagernæs à Odnæs. La route gravit une longue pente, sur le flanc de la montagne au-dessus de la vallée. Dans le fond du ravin, c'est tantôt une suite de nappes éblouissantes au soleil,

tantôt un bruissement de cascades dans un écroulement de verdure mouillée : le printemps légendaire
du deuxième acte de la *Valkyrie*. Partout au milieu
des pâturages un étagement de *gaard* et de hameaux,
et partout à travers les bois des lueurs de cases blan-

Une charrette à foin dans le Valders. Dessin de Boudier.

ches : des hôtels, des pensions d'été, des maisons de
campagne. Nous entrons dans un pays fait et aménagé
pour le touriste et pour le citadin en vacances.

La route monte toujours ; les habitations deviennent rares, les cultures malingres ; toute trace humaine disparaît devant le désert solennel de la forêt
de pins. De temps à autre, entre les arbres, des fragments de paysages lointains tout ensoleillés passent
comme des images d'un monde meilleur entrevus
dans les rêves de l'imagination, pour disparaître
ensuite dans la tristesse pénétrante de la grande

futaie du Nord. Ici point de sous-bois ni de taillis habillant de dessins variés la monotonie des troncs géométriques, rien qu'une grisaille de tiges nues, une masse pesante et serrée de verdure métallique étouffant toute vie sous son poids.

Abandonnant la vallée de la Bægna, nous grimpons sur une colline. Une morne solitude; des pins desséchés, étouffés par une chevelure de lichens; des flaques d'eau croupissantes, des tourbières, des roches excavées; la terre maladive de la Laponie. De l'autre côté la montagne verse dans la vallée de l'Etna, dominant un horizon de forêts saines et vigoureuses. Au-dessus de ce cratère de verdure une grande maison apparaît dans un cadre de pelouses soignées et d'allées ratissées : le sanatorium de Tönsaas, une engageante station d'été dans une situation incomparable. Les Norvégiens, à l'exemple des Suisses, ont organisé sur plusieurs montagnes d'accès facile des établissements pour les fameuses cures d'air et d'altitude recommandées par la thérapeutique moderne. Celui de Tönsaas est situé à une hauteur de 600 mètres. Dans ce calme pénétrant nous nous sentons tous envahis par une telle impression de repos et de bien-être qu'il nous prend envie de rester ici à jouir de la vie au lieu de courir la poste sur les routes. Pas un bruit extérieur, pas une rumeur d'activité ou de travail; la paix profonde de la nature vierge, la béatitude sereine de l'animalité.

.... Mais il faut partir. La journée avance et 37 kilomètres nous séparent encore d'Odnæs. Une descente merveilleuse à travers un superbe parc de pins majestueux. Nous dévalons à toute vitesse dans une fraîcheur exquise embaumée d'effluves balsamiques, au milieu d'une forêt centenaire; une dernière sensa-

tion de terre légendaire et poétique, avant de tomber
dans la banalité écœurante d'un pays utile, travaillé
par l'homme. Au bas de la pente commence une

Le Vangsmjösen. Dessin de Th. Weber,
d'après une photographie de M. Charles Rabot.

banlieue ennuyeuse, et elle s'étend jusqu'à Odnæs,
au terme du voyage.

Quoique cette route soit très fréquentée par les touristes, les indigènes ne manifestent encore ni bassesse
ni âpreté au gain. Le pourboire traditionnel du cocher
pour ce voyage de trois jours est de cinq couronnes [1].

1. Soit sept francs.

Bien loin de murmurer comme le feraient leurs pareils en d'autres pays, s'ils recevaient une somme aussi minime, nos gens viennent cordialement nous serrer la main. Ici telle est la règle; pour vous remercier de la moindre gratification, guides, postillons, femmes de chambre vous donnent une vigoureuse poignée de main. Acceptez-la; ces simples ont gardé l'honnêteté naturelle à l'homme avant que la civilisation lui eût appris le vol.

17 juillet. — Plus d'horizons grandioses de montagnes, plus de panoramas variés changeant à chaque détour de la route. La masse compacte de plateaux et de pics qui constitue la puissante ossature de la péninsule scandinave est passée. Nous voici maintenant dans un pays agricole, mollement ondulé, coupé de forêts, de grands lacs et de cataractes bruyantes.

Nous traversons le Randsfjord, le plus vaste bassin lacustre de la Norvège méridionale après le Mjösen : un large fleuve enveloppé d'une campagne fertile. Les prairies ont toujours cette vivacité de ton, que possèdent seuls les verts du Nord, et à côté de cette verdure incomparable les ondulations blondes des céréales jettent un poudroiement d'or dans le ciel bleu. Après la Norvège âpre et rugueuse, une Norvège aimable et souriante.

Toutes les longues vallées qui convergent du relief norvégien vers le Skagerak présentent la même succession d'aspects que le Valders. Dans leur partie supérieure, une zone lacustre étagée, puis une section fluviale à pente discontinue aboutissant à une longue nappe d'eau qui n'est en réalité qu'un épanchement de la rivière. Ainsi le Mjösen à l'extrémité méridionale du Gudbrandsdal, le Randsfjord et le Tyrifjord dans la vallée inférieure de l'Etna, le Spirillen au

débouché du Valders, le Kröderen dans le Hallingdal
inférieur, etc. Plusieurs de ces nappes sont d'anciens
fjords qui ont été séparés de la mer à la suite du
soulèvement du continent; le Mjösen, par exemple,

De Kvamsklev. Dessin de Th. Weber.

renferme des espèces animales d'origine marine qui
se sont peu à peu adaptées aux eaux douces. La
cavité la plus grande de ces lacs descend du reste
au-dessous du niveau de la mer. Le Mjösen, situé à
l'altitude de 120 mètres, contient des abîmes de
451 mètres. Le fond du lac se trouve ainsi à 331 mètres
plus bas que le plan des eaux du Skagerak, plus bas

même que la plus grande partie du lit des mers voisines. Ainsi, dans cette région, une des dépressions les plus accusées que présente l'écorce terrestre se trouve non pas en mer, mais dans l'intérieur du continent.

Quatre heures après avoir quitté Odnæs, le vapeur arrive en vue de Randsfjord, tête de ligne du chemin de fer de Kristiania. Devant le quai, la nappe d'eau est tout entière couverte d'un plancher mouvant de bois flotté. A travers cet embâcle d'un nouveau genre la navigation est aussi difficile qu'au milieu d'une banquise. Le paquebot avance lentement, refoulant devant lui les bois; puis, lorsque la barricade qu'il a amoncelée devient absolument impénétrable, il vire pour élargir le chenal qu'il s'est frayé, puis recommence un peu plus loin la même opération. Sans cesse il faut surveiller à l'arrière les billes détachées et maintenir l'hélice dégagée : le moindre choc pourrait déterminer une grave avarie dans le propulseur. Enfin, après avoir manœuvré pendant une demi-heure, nous accostons devant un joli village. Le site est gracieux et pittoresque, mais, bon Dieu, quelle chaleur! Un soleil ardent brûle la peau et pas un souffle d'air! Après la fraîcheur vivifiante des hauts plateaux, l'air lourd et irrespirable des basses régions qui donne une impression de fatigue et endort l'être dans une torpeur maladive.

A partir de Randsfjord, un défilé de forêts. Soudain une grande clarté traverse la pénombre des pins. Une large avenue s'ouvre au milieu des bois, remplie par le mugissement d'une cataracte. Un instant nous avons le spectacle rafraîchissant d'un fleuve culbutant en panaches d'écume par-dessus un barrage de rochers roses, puis nous rentrons en forêt. Plus loin,

un nouveau lac, le Tyrifjord, le dernier épanchement
des rivières descendues des montagnes, auquel succède un long goulet ombragé, tout bruyant de cascades et d'usines. Au bout de la gorge, sous une buée
chaude, apparaît une grande plaine bleue, enclos de
montagnes boisées, c'est la mer, c'est le fjord. Nous
arrivons à Drammen, et jusqu'à Kristiania c'est une
suite de panoramas souriants d'eau et de verdure
dans un ensoleillement ardent.

CHAPITRE X

Division gastronomique de la péninsule scandinave. — Première impression de Suède. — Les traditions historiques de la Suède. — Arrivée à Stockholm. — La Venise du Nord.

APRÈS Bergen, Throndhjem et tous les villages en bois de la côte, Kristiania nous fait maintenant l'effet d'une capitale. Au dîner cette impression devient tout à fait sensible. Pour la première fois depuis un mois, nous nous asseyons à une table soigneusement servie, garnie de mets appétissants. Des morceaux de viande noire cuits dans une purée d'oignons, des œufs douteux, du jambon, des conserves, des anchois, trois fois par jour du saumon frais, salé ou fumé ou du cabillaud, tel a été notre régime dans le Romsdal comme dans le Valders et sur les rives du Hardanger. Aussi avec quelle volupté dévorons-nous un chateaubriand grillé à point! C'est un court reconfort pour l'estomac entre le régime norvégien et l'ordinaire suédois. Au point de vue gastronomique, comme au point de vue topographique, les deux versants de la péninsule présentent des caractères absolument différents, mais également remarquables par leur monotonie. A cette époque de l'année, la Norvège est le pays du saumon et la Suède celui de l'écrevisse, et à chaque repas force vous est de vous rabattre sur ce poisson et sur ce crustacé qui symbolisent les deux pays scandinaves. Aucun délicat ne sera tenté par une excursion dans les ragoûts indigènes.

Une fois réconfortés, nous nous acheminons vers Stockholm. Entre Kristiania et la capitale de la Suède un seul train circule par jour, et n'emploie pas moins de quinze heures pour parcourir la distance de 686 kilomètres qui sépare les deux métropoles de la Scandinavie. Cette absence de communications rapides et fréquentes a exercé une influence sur la politique. Comme je l'ai expliqué plus haut, les rapports entre la Suède et la Norvège ne sont pas précisément empreints d'une très grande cordialité. A coup sûr, cette hostilité aurait pu être adoucie, si, dans la partie méridionale de la péninsule, où aucune barrière naturelle n'entrave les relations, des communications faciles avaient été établies entre la Suède et la Norvège. Les chemins de fer, qui ici appartiennent à l'État, auraient dû multiplier les trains et abaisser les tarifs pour amener la pénétration des deux peuples. La fréquence des rapports adoucit les haines des nations comme des individus, d'autant que les griefs des Norvégiens à l'égard des Suédois ne sont pas de nature à empêcher tout rapprochement.

La chaleur est étouffante, et nous n'avons même pas la ressource de pouvoir nous reposer à l'hôtel. Dans ces maisons en bois construites en vue du froid, la température est absolument intolérable en été.

Stockholm. Vue prise du Mälar. Dessin de Boudier.

Donc, dès le matin nous partons pour aller attendre à Charlottenbourg, à la frontière suédoise, le passage du train de nuit à destination de Stockholm. A la campagne, trouverons-nous enfin la fraîcheur désirée?

En quittant Kristiania, nous suivons la ligne de Throndhjem jusqu'à Lilleström, puis nous retrouvons le Glommen, le grand fleuve de la Norvège orientale, sorti des plateaux de Röros. Un pays plat, indifférent, et comme toujours des lacs. Cette partie de la vallée de Glommen est de date récente; à une époque géologique qui n'est pas très ancienne, ce puissant cours d'eau, au lieu de s'écouler vers l'ouest, comme aujourd'hui, à partir de Kongsvinger continuait sa route vers l'est et venait se déverser dans le Venern. Actuellement encore en temps de crue une partie des eaux suit l'ancien lit du fleuve. Au nord de Kongsvinger, entre le Glommen et la frontière suédoise, s'étendent les *Finskoge*, les « forêts finnoises ». Dans cette région, à l'écart des grandes routes, perdues au milieu des bois se sont maintenues de petites communautés finnoises établies au commencement du XVIIe siècle.

A Charlottenbourg nous entrons en Suède. — Visite des bagages. Les deux royaumes frères sont séparés par une ligne de douanes. Leurs rapports économiques ne sont pas meilleurs que leurs relations politiques. Le traité de commerce qui réglait les conditions des échanges, arrivé tout récemment à expiration, n'a pas été renouvelé, et une guerre de tarifs a éclaté entre les deux pays. Les douaniers suédois ont le bon esprit de comprendre que les touristes restent indifférents à ces démêlés, et dans la visite des bagages, ils apportent les ménagements compatibles avec les règlements administratifs, suivant la formule diplomatique.

Charlottenbourg est un hameau de quelques maisons roses. L'existence de ce village met en évidence un contraste frappant dans les habitudes des deux peuples voisins. En Norvège, les agglomérations rurales sont extrêmement rares; presque partout les indigènes vivent dispersés dans des habitations isolées. Ici, au contraire, les hommes ayant un sentiment de sociabilité plus développé, se groupent volontiers en villages et en bourgs.

Si maintenant nous interrogeons les Suédois, aux premiers mots échangés se révèle entre les deux peuples une différence de caractères et d'idées qui explique en partie leurs dissentiments politiques. Un petit employé, avec lequel je lie conversation, me parle de Gustave Vasa, de Gustave-Adolphe, de Charles XII, des grandes épopées de la Suède. Évidemment il est fier d'appartenir à une nation qui compte dans son histoire de tels personnages et qui s'est illustrée par de grands exploits militaires. Le cerveau de tout bon Suédois est hanté par ces souvenirs historiques. Interrogez un paysan, un marchand, comme le descendant d'une grande famille, après une conversation de cinq minutes vous pouvez être certain qu'il entamera un dithyrambe en l'honneur des héros de l'histoire de la Suède. Tous les citoyens ont le culte des traditions de leur patrie, et tous donnent l'exemple du respect du passé, quelque cruelle qu'ait été la rançon de cette gloire guerrière pour le peuple. Dans cet heureux pays il ne s'est trouvé aucun historien pour apprendre à la nation à mépriser son patrimoine d'honneur et de grandeur au nom des principes modernes.

Stockholm. Le quai de la Cité.—Dessin de Boudier.

Après cette première impression, l'origine des différends qui séparent la Suède et la Norvège devient très apparente. Comment veut-on que des démocrates comme les Norvégiens, des gens sans traditions historiques, préoccupés uniquement de liberté et d'indépendance, puissent vivre en bonne intelligence avec un peuple resté fidèle au passé historique et aux idées monarchiques?

A neuf heures du soir arrive le train à destination de Stockholm, composé d'excellents wagons-lits, à boggies. Moyennant un supplément de 6 francs, vous avez droit à la jouissance exclusive d'une cabine spacieuse. C'est la même installation que celle du *sleeping-car* de nos express, avec cette différence capitale que les voyageurs ne sont pas entassés dans une boîte comme des harengs en caque. Chaque wagon de première classe ne transporte par suite qu'une quinzaine de passagers. Pour chaque voyageur, le poids mort d'un train composé de pareilles voitures atteint donc un chiffre considérable. Une organisation aussi confortable n'est naturellement obtenue qu'aux dépens de la vitesse.

Toujours pas de nuit. Une lueur blanche prolonge le crépuscule jusqu'à l'aurore, et sous cette étrange pâleur nocturne je reçois mes premières impressions de Suède. Une plaine monotone, bossuée de monticules, trouée de nappes d'eau, enveloppée de la tristesse des pins. Au milieu des futaies, des lacs dormant dans des vasques de rochers, voilà le paysage classique de cette partie de la Suède. Qui a vu un de ces bassins les a vus tous, et, après une simple vision du pays dans le tourbillon du train, le mieux est de s'endormir.

Des heures et des heures on roule à travers une

uniformité sans fin, triste et grave, atrocement
ennuyeuse après l'étonnante variété de la Norvège.
De Charlottenbourg à la Baltique et de Malmö au
cercle polaire, partout c'est la même monotonie,
partout la même suite de landes d'arbres verts et
de clairières cultivées, avec prédominance tantôt des
unes tantôt des autres, suivant les régions. Vous par-
courez des centaines de kilomètres sans rencontrer
la moindre variété dans les lignes et dans les formes
du paysage. Avec ses milliers de lacs inclus au milieu
de la forêt et ses mamelons rocailleux épars dans la
verdure, la Suède centrale forme avec la Finlande la
zone de transition entre les âpres montagnes norvégiennes et l'immense plaine boisée de la Russie septentrionale.

20 juillet. — Dès 8 heures du matin, une chaleur
blanche, silencieuse comme à midi dans le sud. Pas
la plus légère brise, pas la moindre exhalaison de
fraîcheur. Le soleil, depuis longtemps levé, a déjà
surchauffé la terre. Les journaux que j'achète à une
gare sont pleins du récit d'accidents déterminés par
cette haute température. A Stockholm, plusieurs cas
d'insolation ont été relevés. Dans ces pays du Nord,
quand le soleil se met de la partie, il devient terriblement cuisant. Pour ma part, toujours les chaleurs
suédoises m'ont paru plus pénibles que celles de
notre Midi gascon ou provençal.

Après l'obscurité d'un tunnel, un éblouissement
soudain. Une grande clarté d'eau mate et de ville
ensoleillée passe aveuglante. Une fois habitué à
cette lumière, l'œil découvre un spectacle extraordinaire. De tous côtés, des nappes d'eau, des canaux,
des jardins, et, au milieu de cette eau et de cette
verdure, des îles chargées de palais, d'églises et de

bâtisses monumentales, une ville émiettée dans un lac. De suite, vous avez l'impression d'une Venise du Nord, et en même temps d'une grande et belle ville. Après tous les hameaux que nous venons de voir depuis un mois, la première sensation produite par la vue de Stockholm est celle d'une véritable capitale, et tout de suite nous comprenons sa réputation. Cette simple vision suffît à justifier toutes les descriptions enthousiastes que nous avons lues ou écoutées. Dans l'Europe septentrionale, aucune capitale n'a aussi grand air et ne présente un aspect aussi pittoresque. Stockholm est le chef-d'œuvre de l'architecture moderne. Nulle part ailleurs les architectes du XVIIIe et du XIXe siècle n'ont réalisé un morceau aussi grandiose et en même temps aussi gracieux par l'adaptation de leurs constructions au cadre merveilleux créé par la nature.

CHAPITRE XI

STOCKHOLM

Coup d'œil topographique. — La « ville ». — Le Palais Royal.
— Les gloires suédoises. — Le *Riddarholm* et le *Riddarholms-kyrka*. — Les squares et les statues. — Les musées et les
châteaux.

Pour faire comprendre la beauté de Stockholm, quelques détails topographiques sont nécessaires. La
côte suédoise, comme celle de Norvège, est une dentelle de fjords, rongée et morcelée en un archipel
innombrable; mais, tandis que, dans la Scandinavie
occidentale, toutes ces baies s'ouvrent dans l'épaisseur de hautes montagnes, ici elles s'étendent entre
des terres basses, couvertes le plus souvent de forêts
d'arbres verts. A travers les bois la mer serpente
en replis sinueux, tantôt s'épanchant en étangs pittoresques, tantôt se rétrécissant en étroits canaux
ombreux, cernée de massifs de rochers placés comme
des motifs de décoration destinés à faire valoir la
verdure. Partout des bois et partout des eaux mortes;
nulle part n'apparaît le grand horizon de la Baltique. Aucune impression du voisinage de la mer,

il semble que l'on se trouve au milieu d'un immense parc dont les allées auraient été inondées. Stockholm a été bâti dans ce cadre pittoresque sur les bords du chenal unissant la Baltique au Mälar. Regardez un plan, du premier coup vous entrevoyez l'aspect original de la capitale de la Suède. Voici d'abord deux îles : Kastelholm (l'île du Château) et Skeppsholm (l'île du Navire), toutes piquées de grands bâtiments rouges semés au milieu des bois ; en arrière, l' « île de la Ville » avec la large façade imposante du Palais Royal ; à côté, les jardins d'Helgeandsholm, baignés par les flots rapides du Ström, dont la vue évoque le souvenir de l'île de Jean-Jacques à Genève ; enfin, en arrière, Riddarholm (l'île des Chevaliers), annoncée par la haute flèche de son église historique. Autour de ce décor, à gauche, un amphithéâtre de maisons étagé sur les flancs d'une colline escarpée ; à droite, une perspective de constructions somptueuses et de quais grandioses, le Norrmalm et le Blasieholm. Tout de suite cette vue donne l'impression d'un peuple qui a le goût des choses grandes et nobles, d'une nation sensible à la gloire et qui la recherche. Et ce spectacle de Stockholm n'est pas seulement imposant, il est encore très gai. Entre les îles passent et repassent des chaloupes à vapeur qui font le service de cette ville lacustre, et à chaque instant c'est un mouvement de paquebots qui arrivent et qui partent. De ma fenêtre du *Grand Hôtel*, située en face du Palais Royal, dominant toute l'animation du port, des heures je contemple ce panorama sans jamais me lasser.

Je sors ; par derrière l'hôtel s'ouvre un nouveau golfe symétrique de celui que j'apercevais tout à l'heure. De nouveaux quartiers sillonnés de canaux apparaissent derrière une forêt de mâts et un rideau

Plan de Stockholm.

de voiles. Je reviens sur mes pas, pour me diriger vers l'Helgeandsholm. De chaque côté c'est un panorama différent, à droite le Mälar, à gauche les palais du Grand Hôtel, du Musée National, et toujours de nouveaux ports, de nouveaux canaux et de nouvelles perspectives. A chaque détour le spectacle change et ravit d'admiration.

Stockholm a été fondée en 1255 par le *Jarl* Birger. A cette époque, Upsal et Sigtuna étaient les métropoles de la Suède, toutes deux situées dans le bassin du Mälar, comme la ville qui devait plus tard leur succéder dans le mouvement des échanges. Par le développement de son réseau hydrographique, ce lac occupe une situation privilégiée. Ses affluents conduisent dans le nord jusque dans le voisinage du bassin du Dalelf, et vers le sud rejoignent presque les tributaires du Venern et du Vettern. Quelques portages au milieu de plaines marécageuses, et les barques passent du bassin de la Baltique dans celui du Cattegat. A travers les forêts la nature a jalonné entre les deux mers une grande ligne d'eau intérieure que le fameux canal de Gothie a ouverte définitivement dans ce siècle. Le Mälar est le centre géographique de la Suède, et, dès les premiers temps historiques, nous trouvons les anciens Scandinaves groupés sur les bords de ce lac. Situés autour de cette nappe en communication directe avec la mer, leurs établissements se trouvaient exposés aux attaques des pirates. Pour assurer la sécurité des riverains, il n'y avait qu'à fermer la porte ouverte sur la Baltique. Ce fut l'œuvre du *Jarl* Birg. Il fortifia les îles du goulet, les enveloppa de tours et de murailles, et désormais l'accès du lac se trouva barré aux envahisseurs et aux pillards. Grandissant peu à peu,

la forteresse devint finalement la capitale de la
Suède, qu'embellirent successivement tous les rois
que les soucis de la guerre n'absorbaient pas. Mais,
ici comme dans toutes les villes du Nord, le principal agent de progrès a été le feu. Depuis la fin
du XVIIIe siècle, Stockholm a été ravagée par six
grands incendies. Ces catastrophes ayant réduit en
cendres de vastes quartiers composés de maisons en
bois, à la place de ces baraques de superbes édifices
en pierre ont été élevés. Le feu a rempli ici le rôle du
baron Haussmann.

Par suite de sa position sur les bords d'immenses
pièces d'eau, Stockholm, comme Washington, est la
ville des distances magnifiques. Partout de grandes
places, des squares spacieux, des lignes intermina-
bles de quais, et, pour traverser ces vastes espaces
vides, un soleil brûlant!

Voyons d'abord l'île de la « Ville », la « ville entre
les ponts ». Nous y accédons par le grandiose
Norrbro, large et massif viaduc enjambant l'île de
Helgeand et les deux bras d'un chenal unissant le
Mälar à la Baltique. La construction est colossale,
tout en granit irisé de rose. Elle date de la fin du
siècle dernier et, comme nos anciens ponts, porte
une rangée de boutiques. A l'extrémité du Norrbro
se dresse le Palais Royal, le principal décor de
Stockholm sur la Baltique, un énorme rectangle de
maçonnerie, dans le style de la Renaissance italienne.
Sa façade mesure une longueur de 123 mètres, et sa
profondeur n'est pas inférieure à 103 mètres. L'or-
donnance du bâtiment est superbe, et ses lignes
d'une noble et majestueuse simplicité laissent une
impression très heureuse de force et d'élégance. Ce
n'est qu'un pastiche, mais il est très réussi. Dans le

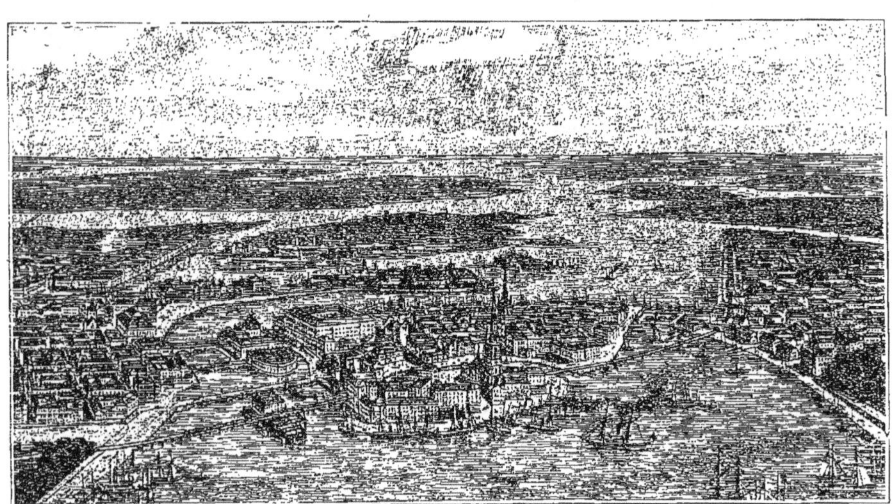

Stockholm à vol d'oiseau. Dessin de Boudier.

plan de cette grande œuvre, l'architecte, Gustave Tessin, le grand bâtisseur suédois du xviiie siècle, s'est évidemment inspiré du Palais Pitti. Cette réminiscence d'Italie est complétée par la place voisine. Hérissée d'un obélisque et terminée par une façade d'église,

Stockholm. Le château royal. Dessin de Boudier.

elle donne l'illusion d'une *piazzetta* de Rome. Si maintenant on se tourne de l'autre côté, on aperçoit la perspective de la Baltique avec la ligne des constructions monumentales de Blasieholm, animée par le mouvement incessant d'un port très actif. Aucune résidence souveraine n'embrasse un panorama aussi magnifique. L'intérieur du Palais renferme, comme tous les châteaux impériaux ou royaux, plusieurs salles d'apparat de fort grand air, mais de peu d'intérêt.

Vous faites le tour de l'île; sur l'autre rive, devant le Mälar, s'allongent des rangées de vieilles maisons, avec çà et là des pignons allemands. Cette partie de Stockholm a l'aspect d'une antique ville hanséatique. Sur le quai, des places couvertes de tentes et d'échoppes, le *Kornhamnstorg*, le marché du port au blé; un peu plus loin, le *Köttorg*, le marché à la viande. Autour, des flottilles chargées de provisions et un mouvement incessant de débarquement et de déballage, avec les scènes gaies et pittoresques du commerce en plein air; le coin le plus amusant de Stockholm.

Si maintenant nous pénétrons dans l'intérieur de la « ville », c'est un dédale de ruelles étroites, escaladant le monticule rocheux qui donne à cette île l'aspect d'un œuf flottant à la surface du lac. Ce coin couvert de vieilles masures originales, j'aime à y flâner, lorsque mes yeux, fatigués de l'éternel scintillement de l'eau, cherchent l'ombre et le repos. A chaque pas, c'est une silhoutte drôle de maison allemande, une vieille porte, un petit bout de sculpture, un souvenir du passé, une sensation d'art après tant d'impressions de paysage. Et tout ce vieux Stockholm redit l'histoire de la Suède : ses gloires et ses hontes, son épopée et sa décadence. Au sommet de la « ville », le Stortorg, le « Grand Marché », a été le théâtre du « Bain de Sang », du massacre des champions de l'indépendance nationale au début du XVIIe siècle.

La Suède a eu, elle aussi, sa guerre de Cent Ans. Dès les débuts du XVe siècle, pour secouer la domination danoise, les révoltes succédaient aux révoltes avec des fortunes diverses. A cette époque, chez les paysans suédois se manifeste un sentiment national

Stockholm. Le Kornhamnstorg. Dessin de Boudier, d'après une photographie de F. Klemming.

et se précise une idée de la patrie que les peuples du Midi ne devaient connaître que beaucoup plus tard. A la voix des nobles, ils se soulèvent, et au commencement du xvi° siècle la Suède est pour ainsi dire délivrée du joug étranger. C'est alors que Christian II monte sur le trône de Danemark, résolu à reconquérir les provinces perdues. Après plusieurs années de lutte, le 7 septembre 1520, il entre victorieux dans Stockholm, et, le 8 novembre, pour se venger de la résistance du peuple suédois, en violation de la capitulation signée, il livre au bourreau quatre-vingts nobles et prélats, qui, jusqu'au dernier moment, avaient vaillamment soutenu le combat. De l'excès du mal allait sortir le bien. Le « Bain de Sang » fut l'épisode décisif qui fit lever Gustave Vasa et les Dalécarliens pour la délivrance du pays.

Plus bas, le Riddarhustorg rappelle le meurtre de l'infortuné Fersen par une populace démente. Après la déposition de Gustave IV, Charles XIII avait été nommé roi, et le prince Christian-Auguste de Holstein-Sonderburg héritier de la couronne (1809). Dans ces deux princes, qui s'étaient signalés, l'un par une habile administration, l'autre par sa conduite dans la guerre contre le Danemark, le peuple avait mis toute sa confiance, comptant sur leur sagesse pour réparer les désastres causés par la maladie de Gustave IV. Tout à coup une catastrophe vient abattre ces espérances. Un an après son élection, Christian est frappé d'une attaque d'apoplexie. A cette nouvelle, la douleur du peuple est immense; la Suède va retomber dans l'anarchie tyrannique dont elle espérait être enfin sortie. Une mort aussi prompte est sûrement le résultat du poison. La nouvelle mensongère est d'abord chuchotée; passant de bouche en bouche, elle prend de la consistance et, le jour des funérailles, devient la certitude de la foule. Le peuple est dans cet état de surexcitation et de tension cérébrale que le plus petit incident transforme en folie furieuse.

Stockholm. Tour des téléphones.
D'après une photographie de A. Lindahl.

A la suite du convoi funèbre avance dans la file des carrosses le comte de Fersen. « Voilà l'empoisonneur! » clame à son passage une voix; aussitôt toute la populace, entrant en délire, se jette sur la voiture et la brise pour se saisir du comte. Le malheureux cherche un refuge dans une maison voisine, et essaie de se défendre. Toute résistance est inutile; Fersen est désarmé, piétiné, étranglé et en quelques minutes dépecé par une bande de cannibales. Ainsi périt, victime de l'imbécillité de la foule, le beau Fersen, l'ami de Marie-Antoinette, le préparateur et l'artisan de la fuite de Varennes.

Sur la place, théâtre de cet acte de sauvagerie,

s'élève le Riddarhus (la maison des Chevaliers), et
sur la petite île voisine le Riddarholmskyrka (l'église
de l'île des Chevaliers), deux monuments qui n'ont
d'autre intérêt que les souvenirs qu'ils évoquent. Le
Riddarhus (la maison des
Chevaliers) est le palais de
la noblesse. Jusqu'en 1866,
le pouvoir législatif était
exercé par une diète com-
posée de quatre États
délibérant séparé-
ment, comme nos
anciens États géné-
raux : la noblesse,
le clergé, la bour-
geoisie et les pay-
sans. Dans le Rid-
darhus l'aristo-
cratie tenait ses
assises ; aujour-
d'hui encore elle s'y
réunit tous les cinq ans
mais sans pouvoir poli-
tique, simplement pour

Stockholm. Le Riddarholmskyrka.
D'après une photographie.

délibérer sur les intérêts de la corporation. Si la
noblesse ne forme plus dans l'État une assemblée
publique, ayant part à l'exercice du pouvoir législatif
par droit de naissance, elle constitue toujours un
corps puissant et soigneusement fermé. En Suède,
ne sont et ne peuvent se dire nobles que les familles
inscrites sur les listes de la chancellerie. Dans ce bon
pays respectueux des lois, il ne vient à personne
l'idée d'acheter un titre à quelque monarchie ou
principauté besogneuse, ou d'ajouter à son nom rotu-

rier le nom d'une pièce de terre ou de la rue où l'on est né. Le roi seul est maître, de par son pouvoir souverain, d'anoblir les citoyens qui ont rendu des services signalés au pays, et il n'abuse pas de ce privilège. Les murs de la grande salle du Riddarhus sont couverts des écussons de toutes les familles nobles de Suède, disposés dans l'ordre chronologique. Une décoration très drôle : on dirait une collection de plaques d'assurance contre l'incendie. Ces écussons sont au nombre de 2 892. Les plus récents, particulièrement intéressants pour les géographes, représentent les armes du grand voyageur Nordenskiöld, créé baron à la suite de son mémorable voyage de la *Vega*, et d'Oscar Dickson, dont la libéralité inépuisable a permis à la Suède d'acquérir un nouveau lustre dans les entreprises pacifiques de l'exploration polaire.

Au *Riddarholmskyrka*, nous retrouvons les souvenirs les plus glorieux de l'histoire du pays. Voici les tombeaux de Gustave-Adolphe et de Charles XII, des rois héros, et d'un autre côté celui de Bernadotte, le fondateur de la dynastie actuelle, le sage monarque qui, par son habileté, sut restaurer la Suède éprouvée par tant de discordes. Près des sarcophages royaux, d'autres plus simples rappellent les noms des grands hommes de guerre qui illustrèrent les armes suédoises : Loewenhaupt, Torstenson, Baner, et partout des faisceaux de drapeaux enlevés aux ennemis rappellent les victoires de ces grands généraux. Le Riddarholmskyrka est le temple de la gloire suédoise et le symbole de son passé guerrier.

Au sud de la « ville », à pic au-dessus de la Baltique et du Mälar, se dresse la colline de Södermalm,

Stockholm. Vue prise de la Baltique. Dessin de Boudier.

dominée par la coupole de l'église Catherine. L'aspect en est très pittoresque. De tous les différents points de vue, cet amphithéâtre de maisons ferme très heureusement la perspective, mais ce n'est qu'un décor qui semble placé là pour constituer un cadre au tableau des ports. Dans tout ce quartier, en vain on chercherait le moindre monument.

Des bords de l'eau le roc se dresse en escarpements abrupts, et, pour gravir ces falaises, les rues ont dû être profondément taillées dans les assises cristallines du sol. Afin de faciliter les communications entre la « ville » et Södermalm, deux ascenseurs à vapeur ont été installés. — Prenons celui de Sainte-Catherine. De la plate-forme à laquelle il aboutit, le panorama est incomparable. A vos pieds, Stockholm entière apparaît comme sur un plan en relief, découpée dans tous les sens de canaux et de lacs, au milieu d'une verdure de squares et de parcs. C'est une des vues les plus jolies et les plus gracieuses que l'on puisse contempler. Aucune capitale ne se présente sous un aspect aussi séduisant et aussi enchanteur. L'autre ascenseur, celui de Marie, offre un horizon non moins pittoresque sur le Mälar.

Au nord du goulet qui unit le Mälar à la Baltique, s'étend le Norrmalm, le principal quartier, le centre de la vie élégante, traversé du nord au sud par la rue de la Reine (*Drottninggatan*), la rue la plus animée de Stockholm. Sans intérêt et sans caractère, cette partie de la ville ; de grands carrés de maisons quelconques ; point de façades imposantes, point d'étalages luxueux ; aucune impression de capitale. Du moment où l'on perd de vue le Mälar ou la Baltique, on rentre dans la banalité d'une ville de province sans art.

Nous traversons vers l'est cet amas de cases ennuyeuses, admirant au passage le portail de l'église Jakob, puis tout à coup la scène change par l'apparition du parc d'Humlegård. Au milieu d'une fraîcheur reposante, dans la paix et le silence des jardins favorables aux études et aux méditations, s'élève la Bibliothèque Royale, grand bâtiment moderne dont la disposition paraît excellente.

De l'autre côté c'est le Ladugårdsland, un quartier tout flambant neuf : de larges avenues, de vastes bâtisses d'aspect cossu, dans le style de la Renaissance allemande et française. Au bout de ces longues rues droites, le Nybrovik, une nouvelle baie de la Baltique, vient apporter son joyeux scintillement à côté de la masse imposante de ces maisons monumentales.

Une ville de pièces d'eau et de squares, telle est Stockholm. Aucune autre capitale ne compte autant de jardins publics relativement à son étendue. Au nord de la ville c'est le parc d'Humlegård, au centre c'est le jardin du Roi (Kungsträdgärd); à côté, le parc de Berzelius; plus loin, le parterre du Ström, sans compter cinq ou six autres squares de moindre importance autour de différentes églises. Et partout des statues. Devant le Palais Royal, Gustave III; au pied de Södermalm, Charles-Jean (Bernadotte); devant le Riddarholm, Birger Jarl; devant le Norrbro, Gustave-Adolphe; sur le Kungsträdgärd, Charles XII et Charles XIII; une chronologie en bronze des rois de Suède. Ajoutez à cette liste les monuments des deux grands savants, Berzelius et Linné, enfin, près du Musée National un fort beau morceau de sculpture représentant la lutte au couteau des anciens Scandinaves. Les deux champions, attachés l'un à

Stockholm. Passage souterrain dans le Norrmalm.
Dessin de Boudier, d'après une photographie de A. Lindahl.

l'autre par la ceinture, essaient de se porter un coup mortel dans un élan plein de hardiesse et de

Stockholm. L'ascenseur de Sainte-Catherine. Dessin de Boudier.

galbe. C'est le chef-d'œuvre de la sculpture suédoise.

Stockholm n'est pas seulement intéressante par le cadre absolument incomparable que forme autour d'elle l'union de la Baltique et du Mälar, mais encore par ses collections artistiques.

Le Musée National renferme une galerie de tableaux, connue de tous les amateurs par ses Rembrandt et ses Rubens et par sa série absolument hors ligne de nos maîtres du xviiie siècle : Boucher, Chardin, Lancret. Le *Triomphe de Galathée*, un des plus grands tableaux de Boucher, sinon le plus important, fait partie de cette collection. Rassemblée à prix d'argent par deux souverains de goût, par la reine Ulrique-Éléonore, la sœur de Charles XII, et par Gustave III, cette galerie a une valeur de pre-

mier ordre, mais est absolument étrangère au pays
dans lequel elle se trouve.

Le véritable musée suédois est le Musée Hazelius.
Avec une patience de bénédictin le docteur Hazelius
a réuni tous les anciens costumes, tous les vieux
meubles, tous les instruments de travail, tous les

Stockholm. L'ascenseur Marie à Södermalm.
D'après une photographie de L. Larsson.

ustensiles de ménage, en un mot tous les produits
de l'industrie du peuple suédois depuis les temps
les plus primitifs. C'est le conservatoire du passé
artistique de la Suède et la leçon de choses la plus
parfaite de l'histoire de l'art populaire d'une nation.
Aucun autre pays ne possède une collection d'ethno-
graphie nationale aussi complète, et cette œuvre,
digne de toutes les admirations, émane de l'initiative
privée. Elle a été menée à ce degré absolu de per-
fection par la seule persévérance d'un homme. Pas

très réconfortante pour notre orgueil d'hommes du
XIXe siècle l'impression laissée par la visite du Musée
Hazelius. Devant les merveilles des anciens ouvriers
et en présence de la recherche naïve d'art dont
témoignent tous les produits de l'industrie domestique aux âges précédents, l'influence anti-artistique

Château de Drottningholm. D'après une photographie de A. Lindahl.

de la civilisation dont nous sommes si fiers devient
manifeste.

... L'énervante chaleur du plein jour est passée, la
brise se lève, et dans cette fraîcheur tonique Stockholm apparaît sous un nouvel aspect. Les squares
vidés se peuplent de promeneurs et de flâneurs; la
blancheur du crépuscule s'éclaire de cordons de gaz
et partout des orchestres jettent des fanfares de gaîté.
Le féerique décor de la Baltique s'anime des réso-
nances vivantes d'une réjouissance publique, et
chaque soir la fête recommence. Comme le Parisien,

l'habitant de Stockholm aime la vie au dehors.
Regardez du reste tous les jardins publics, dans tous
vous trouvez un café. L'incomparable panorama du
port, le Musée Hazelius et les cafés, voilà les trois
caractéristique de Stockholm.

Nous allons passer la soirée au Djurgården, le bois

Le château de Gripsholm. D'après une photographie de Lindahl.

de Boulogne de la capitale de la Suède : une futaie
centenaire, enveloppée d'étangs et de rivières formées par la mer.

Vers la Baltique comme autour du Mälar, cet
incomparable décor de forêts et de lacs s'étend sur
des centaines de kilomètres et fait des environs de
Stockholm un immense parc anglais. Dans quelque
direction que vous vous dirigiez, partout ce sont de
superbes bois découpés de golfes, de baies, de
canaux ; une forêt inondée, animée d'un va-et-vient

continuel de vapeurs et de voiliers, peuplée de châteaux et de villages riants.

Aucune capitale ne se trouve dans un milieu aussi pittoresque et n'offre aux touristes autant d'excursions reposantes après la fatigue des visites aux monuments. Un jour nous allons à Saltsjöbad, un magnifique établissement de bains de mer sur le bord d'un fjord boisé qui a tout l'air d'un lac, un autre à Drottningholm, la résidence d'été de la famille royale, une autre fois à Gripsholm, vieux château moyen âge perdu au milieu des îles du Mälar.

A notre retour de Gripsholm, le soleil est depuis longtemps couché. Sous l'étrange pâleur du crépuscule, les contours s'effacent dans une pénombre mauve; un miroitement de lueurs vagues flotte au-dessus de l'eau, le paysage entier prend un aspect d'inexistence. Puis, tout à coup, à un détour du lac, la masse imposante de la grande ville se découvre comme une apparition du Palais de la Belle au Bois dormant. Enveloppée de blancheurs irréelles, elle monte au-dessus des étangs et des forêts en une féerique vision. Nous approchons et l'illusion persiste. Stockholm est la capitale du rêve bâtie par l'imagination.

CHAPITRE XII

LA DALÉCARLIE

Upsal. — Falun. — Le Siljan. — Rättvik et Mora. — Le pays
de la faim. — Un dimanche à Leksand.

La Suède nous apparaît dans un lointain vaporeux,
enveloppé des mythes de la légende, comme un
de ces bons pays encore à l'âge d'or, resté fidèle aux
anciens usages et aux vieilles traditions. De toutes les
Expositions universelles qui se sont succédé depuis
trente ans n'avons-nous pas gardé le souvenir de
scènes représentant la vie du paysan suédois dans un
cadre de costumes singuliers et de milieu archaïque!
Devant ces tableaux pittoresques n'avons-nous pas eu
la vision d'un passé vieux de plusieurs siècles qui se
serait maintenu intact derrière l'abri protecteur des
grandes forêts du Nord! Et depuis notre arrivée en
Suède subitement cette impression s'est évanouie
devant une décevante réalité. A part les Dalécar-
liennes du musée Hazelius et de quelques cafés de
Stockholm, qui nous ont tout l'air d'avoir endossé un
travesti, plus un seul costume national. Tous les
hommes semblent sortir de la *Belle Jardinière* ou du

Pont-Neuf et toutes les femmes de la *Samaritaine*. Partout la banalité de l'uniforme moderne, partout les traces d'un peuple actif qui a secoué les toiles d'araignée du vieux temps.

Nos amis de Stockholm auxquels nous faisons part de notre déconvenue sont unanimes dans leurs conseils. Allez en Dalécarlie, et surtout ne manquez pas d'assister au service le dimanche à l'église de Leksand. Dans cette région seulement, vous trouverez la vieille terre de Suède demeurée inébranlablement attachée aux anciennes coutumes. Une excursion de 300 kilomètres, un simple déplacement, et d'un bond vous tomberez dans ce mystérieux passé que vous êtes venu chercher, vous trouverez le pays de la légende rêvé par votre imagination.

Donc en route pour la Dalécarlie. Auparavant deux mots sur la position de ce pays.

La Dalécarlie — *Dalarne*, en suédois ; traduisez : les vallées, — située à 260 kilomètres au nord-ouest de Stockholm, comprend le bassin du Dalelf en amont du confluent du Vester- et de l'Öster-Dalelf dont la réunion forme ce puissant affluent de la Baltique. D'un seul coup d'œil sur la carte, vous saisissez l'aspect général de la région. Vous voyez une série de fossés parallèles, orientés du nord-ouest au sud-est, séparés par de petites crêtes dont le relief s'accentue à mesure que vous avancez dans l'intérieur. Les fossés figurent les vallées des branches du Dalelf et de leurs affluents ; les crêtes, les bourrelets qui se détachent du *Kjöl*, le grand relief scandinave, pour venir mourir dans les plaines suédoises. En Dalécarlie, comme dans le reste de la Suède, le terrain s'élève, par étages, en larges et longues terrasses, dessinant un escalier entre la Baltique et les hautes

cimes montagneuses. C'est, d'abord, une région lacustre et forestière, avec des collines mollement acci-
dentées ne dépassant pas 700 mètres ; puis, au delà
du lac Siljan, qui marque la limite occidentale de la

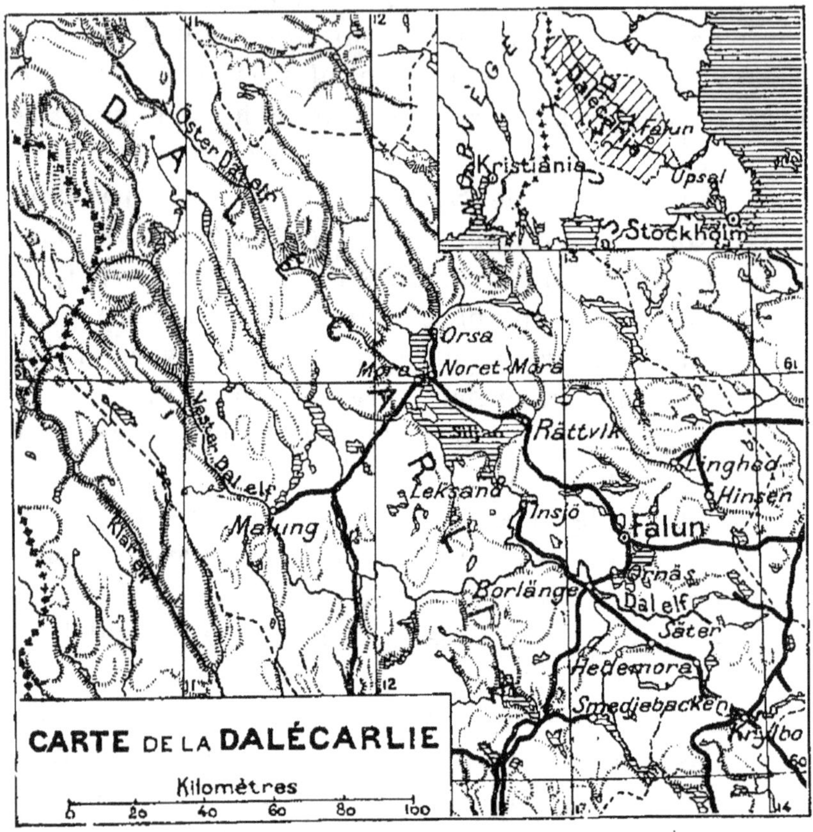

première plate-forme, les vallées deviennent plus
étroites, les lacs plus rares et le relief plus accentué.
Vers l'ouest, le sol monte graduellement et dans
les hautes vallées du Dalelf forme de véritables
montagnes. Le Städja, le sommet culminant de cette
partie de la Suède, atteint 1176 mètres.

Ces deux aspects différents du sol correspondent à

deux horizons géologiques distincts. Dans la région montueuse on rencontre une puissante formation gréseuse dans laquelle les géologues n'ont découvert jusqu'ici aucun fossile permettant de déterminer avec précision son âge, mais que néanmoins il est permis de rapporter au silurien. La zone des lacs est, au contraire, constituée par des roches cristallines, appartenant aux plus anciennes assises de notre globe, principalement par des gneiss, très riches en gîtes métallifères.

La superficie de la Dalécarlie est d'environ 30 000 kilomètres carrés, soit un peu moins de l'étendue de la Bretagne. Ce vaste territoire ne compte qu'une population de 200 000 habitants, soit quinze fois moins que notre vieille Armorique, et cette population est très inégalement répartie. Relativement dense sur les bords du lac Siljan, elle est très clairsemée dans la montagne. Sur les bords des branches supérieures du Dalelf, les villages s'espacent à des distances de 20 à 30 kilomètres. Ainsi la commune de Särna (la plus élevée de la vallée de l'Öster-Dalelf) ne compte guère plus de 900 habitants pour une étendue de 3 600 kilomètres, la moitié d'un de nos départements!

La très grande majorité des indigènes de la Dalécarlie est de race scandinave. Les anthropologistes les considèrent même comme les descendants les plus purs des *Svear*, les primitifs habitants de la Suède. Au milieu de cette population se rencontrent, dans la région montagneuse, plusieurs autres petits groupes ethniques très intéressants. C'est, d'abord, dans les forêts les plus septentrionales de la vallée de l'Öster-Dalelf, quelques familles lapones, les plus méridionales de la Suède, et, sur les limites nord

Upsal. Le Marché. Dessin de Gotorbe, d'après une photographie de M. Charles Rabot.

ouest et ouest du pays, de petites communautés finnoises.

Le réseau des chemins de fer suédois, qui, depuis
plusieurs années, a pris une grande extension,
permet de visiter très facilement la Dalécarlie. Deux
voies ferrées conduisent au centre de la région ; l'une,
partant de Gothembourg (Göteborg, en suédois pro-
noncez *Yeutbor*), aboutit à Mora, à l'extrémité nord
du lac Siljan, l'autre relie Stockholm à ce même
Mora et à la station d'Insjö, située à quelques kilomètres en aval du Siljan. Cette dernière route, la
seule utile aux touristes étrangers, emprunte d'abord
jusqu'à Krylbo ou jusqu'à Storvik la grande ligne
de la Suède septentrionale allant de Stockholm à
Throndhjem (Norvège) et au district minier de Gelli-
vara en Laponie. De cette artère se détachent à
Krylbo l'embranchement d'Insjö, et, à Storvik, celui
vers Falun et Mora. Les nombreux voyageurs qui,
chaque été, font l'excursion du cap Nord par
Stockholm et Throndhjem, peuvent donc aisément
pousser une pointe en Dalécarlie sans grande perte
de temps. En trois jours il est possible de visiter la
partie intéressante du pays. Les touristes qui veulent
revenir à Stockholm n'ont qu'à prendre un billet
circulaire ou à itinéraire dressé par le voyageur.
Son prix est seulement de 40 francs, en secondes.
Sur les lignes du Nord il n'existe que deux classes,
l'une avec des sièges rembourrés, l'autre avec des
bancs en bois. Mais ces secondes sont de beaucoup
préférables à nos premières. Toutes sont à couloir,
d'une propreté méticuleuse, même luxueuses sur
quelques lignes.

Le « clou » d'une excursion en Dalécarlie est le
service divin le dimanche, à Leksand, sur les bords

du lac Siljan. Notre itinéraire réglé en conséquence, nous quittons Stockholm à destination d'Upsal, dans la soirée du mercredi 22 juillet. D'ici dimanche nous aurons tout le temps de visiter les villes et les localités intéressantes situées sur notre route.

De Stockholm à Upsal, un pays plat, une terre maigre et sablonneuse, une Beauce pauvre et boisée. Le train chemine à travers de grandes clairières de blé et d'avoine découpées dans une forêt d'arbres verts. Une plaine de céréales, un bois, et cela continue ainsi pendant deux heures. Le jour, le voyage doit être terriblement ennuyeux. Le soir, à la lueur falote du long crépuscule boréal, le paysage prend un aspect mystérieux, plein de charme et de poésie. De la terre encore chaude monte, comme une fumée de sueur, une buée légère. Noyés dans cette brume, les contours deviennent imprécis et les lointains se perdent dans une pénombre incertaine. Sous le jour incolore tout semble finir et se fondre en une blancheur lunaire. Pas un bruit, pas un frémissement, une sensation de grand repos dans un rêve d'inexistence. Ces plaines du Nord ne doivent être vues qu'à cette étrange lueur nocturne de l'été septentrional.

... Le sol fuit sans ondulations vers un horizon mauve indistinct. Une impression de vue de mer. A gauche, le terrain monte en colline, la côte, semble-t-il. Tout à coup, de la grande étendue vague surgissent deux clochers pointus, puis un gros dé de maçonnerie, perché sur un tertre, apparaît au-dessus d'une nappe de maisons basses. Nous arrivons à Upsal.

Il est dix heures du soir, les boutiques sont fermées, les maisons closes, pas un passant dans les rues. Une ville morte, endormie dans le sommeil des siècles.

23 juillet. — A six heures du matin, je suis debout.

Sur les lignes du Nord encore peu fréquentées, les
trains sont rares ; celui qualifié d'express passe
à dix heures : il s'agit de ne pas
le manquer. Si pareille déconvenue
nous arrivait, Dieu sait quand

La cathédrale d'Upsal.
Dessin de Taylor, d'après une photographie de M. Charles Rabot.

nous arriverions à Falun, notre seconde étape !
Upsal, Upsala, en suédois, compte environ 20 000 habitants. C'est la septième ville du royaume par le
chiffre de sa population; mais par l'importance con-
dérable que lui donne son Université et comme siège
de l'archevêché de Suède, elle prétend avec juste
raison au deuxième rang. Du reste, tandis que les
noms des autres villes du royaume demeurent igno-
rés sauf des géographes, celui d'Upsal est connu de
tous ceux qui s'intéressent au progrès de l'esprit
humain. Parmi les établissements d'instruction supérieure de la Suède, son Université occupe le premier

rang par l'éclat de son enseignement comme par le chiffre de sa population scolaire. A Upsal, le nombre des étudiants atteint 1700, tandis qu'à Lund, la seconde ville universitaire de Suède, il ne dépasse guère 400.

Un damier de maisonnettes au pied d'une colline verte hérissée de monuments rouges, tel est l'aspect d'Upsal. La ville basse est sans intérêt. Des rectangles de baraques, toutes pareilles les unes aux autres; nulle part une vieille façade pittoresque, nulle part une ruelle drôle ou curieuse. Upsal est pourtant une des plus anciennes métropoles de la Suède. Mais régulièrement, plusieurs fois par siècle, des incendies ravagent ces villes du Nord, détruisant en une immense flambée tous les vestiges du passé qui sont le patrimoine artistique d'un peuple. Inutile de nous attarder dans ces rues indifférentes. Nous jetons un coup d'œil sur le marché établi sur les quais de la rivière, une scène matinale toujours amusante et colorée; puis, nous gravissons la colline, sur laquelle, comme dans un Kremlin russe, se trouvent rassemblés tous les édifices importants.

Voici d'abord la cathédrale, un superbe morceau gothique, œuvre du « tailleur de pierres » français Étienne Bonneuil. Au xiiie siècle, les relations intellectuelles entre la France et les pays du Nord étaient, pour l'époque, relativement plus développées qu'aujourd'hui. Des étudiants suédois venaient en grand nombre à Paris écouter les doctes leçons des maîtres de la Sorbonne naissante. Habitués à ne voir dans leur pays que des cases en bois, sans art, les élèves rapportaient de leur séjour en France une profonde admiration pour ces maçons qui paraissaient avoir le secret de transformer la pierre brute en une mer-

veilleuse floraison. Aussi bien, lorsque le clergé
d'Upsal résolut de construire une métropole, il songea
tout naturellement à ces maîtres compagnons français dont tous les voyageurs lui avaient redit la pro-
digieuse habileté.

Dans l'azur matinal, l'œuvre d'Étienne Bonneuil

Upsal. Église de la Trinité.
Dessin de Taylor, d'après une photographie de M. Charles Rabot.

dresse ses hautes flèches rouges en un éternel alle-
luia vibrant. Au-dessus de ces plaines monotones,
comme un souvenir permanent de la gloire de la
nation, sa fine et élégante silhouette annonce le mau-
solée du fondateur de la puissance suédoise. Dans le
chœur de la cathédrale repose le grand roi Gustave
Vasa, le héros dalécarlien, et, autour de lui, tous
ceux qui ont contribué à consolider et à agrandir son
œuvre à des titres divers, les Sture, les Horn, les
Oxenstjern. Devant ces monuments une immense

tristesse vous saisit; morts les hommes, morte l'ère féconde qu'ils rappellent. Ces dalles funéraires semblent les tombes de ce vaillant peuple suédois, de ce passé de victoires qui n'est plus qu'un souvenir silencieux. Leçon muette de la grande loi de l'évolution à laquelle sont soumises les races comme les individus et qui tôt ou tard frappe toutes les sociétés humaines.

Derrière la cathédrale s'élève, flambant de clartés blanches et rouges, le moderne Palais de l'Université; à côté, une vieille petite église vermillon, autour un grand parc paisible. Plus loin, des parterres fleuris, entourés de bancs; un square, pensons-nous, avant d'apercevoir à travers la verdure de tristes pyramides mortuaires. Nous sommes dans le cimetière. Dans tout le Nord le champ des morts est le jardin public de la ville.

Au milieu de ces bois tranquilles et de la sérénité de cette demi-campagne, voici la *Carolina Rediviva*, la bibliothèque riche en trésors bibliographiques. Énumérer ses richesses n'apprendrait rien aux érudits et ce livre n'est point un catalogue de librairie. Regardons plutôt le panorama qu'embrasse le Château. Au pied de la lourde et massive bâtisse, flanquée de deux tours rondes, s'étale la ville tranquille, assoupie dans le calme, une impression de silence et de paix propice aux études, tandis que devant nous s'enfuit la plaine jaune, déjà tout ardente de soleil. De ce côté, le regard s'arrête sur une église et sur un hameau enveloppé de quatre tertres isolés. C'est le Vieil Upsal, la résidence des souverains des temps légendaires et le centre de l'ancien paganisme. L'église actuelle occuperait l'emplacement d'un antique sanctuaire, et, dans les trois principaux monticules de sable voisins, la tradition voit les tombeaux de Thor, d'Odin et de Freyr. Comme l'a montré le résultat des fouilles, ces mamelons sont des sépultures datant de l'âge du fer.

Après cette promenade matinale, nous prenons le train pour Falun.

Toujours le même paysage de plaines cultivées et de forêts. A Krylbo, nous abandonnons la grande ligne vers Throndhjem pour prendre l'embranchement de Falun par Borlänge.

Une demi-heure d'arrêt, que nous mettons à profit pour dîner à l'hôtel de la gare. Chaque station importante possède un petit hôtel très propre. Seulement sur les grandes lignes de Stockholm à Malmö, à Kristiania et à Throndhjem, et encore pendant l'été pour les deux dernières, les trains express circulent la nuit; dans un pays aussi peu habité, les compagnies ont donc dû assurer un gîte à leurs voyageurs. Le buffet de Krylbo a fort bon air, comme du reste tous ceux de Suède. Des lierres encadrent les fenêtres, des fleurs éclatantes de fraîcheur et de couleur ornent les tables. La première impression est très favorable. Sur une table, au milieu de la pièce sont disposés les plats, un superbe saumon, une magnifique pièce de veau bien blanc; tout cela certes est très appétissant. Autour une vingtaine de soucoupes contenant du beurre, du jambon, des sardines, des anchois, des harengs marinés, des radis, des œufs durs, des fromages divers, dominées par des carafes d'eau-de-vie de grain, c'est le *smörgåsbröd*, la collation préliminaire destinée à préparer les voies au substantiel. Avant chacun de ses repas, tout Suédois qui se respecte commence par avaler trois ou quatre morceaux de ces divers ingrédients et, pour faire le trou, lampe ensuite un petit verre. C'est l'apéritif. Afin d'activer la digestion de ce prélude au morceau principal, on absorbe le *smörgåsbröd* debout et en marchant. Toutes ces soucoupes de dinette d'enfants ne nous disent rien qui vaille. Du premier coup nous voudrions nous attaquer au saumon, mais comme en Norvège personne pour nous servir. La buffetière et ses filles trônent majestueuses à leur comptoir, sourdes aux appels des étrangers; aux voyageurs de se débrouiller. Pour notre compte, nous ne ferons pas grand tort à l'aubergiste. Le poisson, cuit avec un herbage de fenouil, a un goût insupportable, le veau est farci de pruneaux, et l'entremets à la crème est parfumé au benjoin. Quant au pain, néant; pas la moindre croûte, seulement du *knäckebröd*, la galette nationale, dont la mastication exige des dents de requin, et un pain bis pétri de raisins secs, une sorte de plumcake au seigle. Après ce dîner par cœur, nous montons en wagon pour poursuivre vers Falun. D'excellentes voitures à couloir, ornées de glaces, avec des crachoirs et des cendriers dans les compartiments de fumeurs. Partout le souci de la propreté, et le public a le bon esprit de ne pas s'amuser à détériorer les ustensiles destinés à son usage.

Le pays devient plus accidenté. De longues lignes de collines bleuissent l'horizon; des mamelons rocheux boursouflent la forêt, les ravins s'emplissent de rivières et de lacs.... Au milieu de la verdure, des groupes de maisonnettes en bois, peintes en rouge avec des lisérés blancs à l'aplomb des murs et autour des ouvertures. On dirait des maisons en sucre d'orge rose. Elles sont les points d'orgue de ces paysages ternes et incolores.

Le pays est riche; il n'est pas rare, m'affirme mon compagnon de route, d'y trouver des paysans possédant des patrimoines d'une valeur de plus de deux cent mille francs.

A Domnarfvet, la ligne traverse le majestueux Dalelf qui culbute en une magnifique cascade au fond d'un ravin tout verdoyant. Cinq kilomètres plus loin, Ornäs, célèbre par le souvenir de Gustave Vasa. C'est là que le futur libérateur de la Suède, poursuivi par les Danois, se tint caché dans une pauvre maison de paysan jusqu'au jour où, échappant à ses ennemis, il put soulever les Dalécarliens pour la délivrance de la patrie. La baraque, aujourd'hui monument national, a été conservée dans son état primitif; à ce titre, elle constitue un spécimen d'architecture en bois du plus haut intérêt. Encore des bois troués de nappes d'eau et nous arrivons à Falun, la capitale de la Dalécarlie.

Entre deux lacs bleus, une petite ville toute rouge, égrenée au milieu d'avenues et de jardins. Devant ces maisons éparpillées dans les arbres, on a une impression de ville de province russe, avec d'autant plus de vraisemblance que les clochers sont ici couverts de tôle verte. A dix minutes de la gare, nous débouchons sur la grande place, le *Torg*. Dans un coin, l'église Kristine, œuvre de Nicomède Tessin, avec de curieuses portes en bronze de 1650. Autour, des rues de petites cases vermillon très drôles, et çà et là, au milieu de ce rouge, éclatent, comme des notes vibrantes dans cette fanfare chromatique, les façades crépies à la chaux de quelques bâtisses en pierre. Il y a soixante ans, au témoignage de l'excellent Xavier Marmier, Falun ressemblait à une ville de baraques de foire. Depuis, l'aspect du chef-lieu de la Dalécarlie n'a pas changé.

Dans les rues, pas une voiture, pas le moindre mouvement, pas la moindre activité; pourtant nous sommes dans une grande ville pour ce pays, la plus importante même dans l'intérieur des terres, au nord d'Upsal. Falun compte 8 000 habitants et est le siège d'une préfecture.

Pour passer le temps, nous allons visiter le Musée, qui tient tout entier dans une petite salle. L'objet le plus curieux est un tambour magique lapon, espèce de tambourin qui servait jadis à ces nomades pour appeler les esprits. Ces engins de sorcellerie sont aujourd'hui rares; aussi, celui de Falun mérite-t-il d'être signalé aux spécialistes. Au milieu d'un tas de bric-à-brac, je note un panier en écorce de bouleau. Cette substance est utilisée encore aujourd'hui par les Finnois et par les peuplades boréales de l'ancien continent pour la fabrication de leurs ustensiles de ménage. A une époque peu reculée, elle était employée aux mêmes usages par toute la population de la région.

En dix minutes, nous avons vu le Musée, et en une demi-heure, Falun, dont la principale curiosité est de n'en offrir aucune. Pour les ingénieurs, cette ville présente, au contraire, un intérêt de premier ordre par ses usines aussi nombreuses que variées et par ses mines. Tous ces établissements sont situés sur la rive orientale de la rivière. Je traverse un faubourg de maisonnettes. Dans toutes les directions s'élèvent des collines de laitier; partout une terre couverte de scories. Le paysage me rappelle les horizons volcaniques de l'Islande. Je continue à avancer et soudain me voici sur le bord de la mine, un gouffre énorme, pareil à un cratère.

Du fond de cette cavité rayonnent les galeries; leur

Mine de Falun. Dessin de Boudier, d'après une photographie de M. Charles Rabot.

développement atteint une trentaine de kilomètres et leur profondeur 400 mètres. Miné et sapé dans toutes les directions, le sol s'affaisse parfois et de redoutables éboulements bouleversent les puits en ensevelissant les malheureux ouvriers. Le dernier accident date de 1876.

Depuis plus de six siècles, les hommes grattent et percent la roche pour extraire les métaux qu'elle contient. Les mines de Falun sont mentionnées pour la première fois en 1288, dans un document authenthique, mais bien auparavant elles étaient déjà exploitées. Elles fournissent principalement du cuivre, et c'est avec leur produit que Charles XII alimenta la Monnaie royale. Ruiné par ses luttes contre la Russie, le roi n'hésita pas, à la place des *daler* en argent, à mettre en circulation des plaques de cuivre, suppléant à la valeur par le poids et par les dimensions. Un de ces *daler* que je possède pèse 720 grammes, et mesure 15 centimètres sur 135 millimètres, une pièce peu commode à introduire dans une poche. Avec cent francs de cette monnaie, un homme avait sa charge.

Il y a quelques années, on a découvert à Falun de l'argent et tout récemment de l'or. Actuellement la production annuelle des mines est évaluée à 400 tonnes de cuivre, 300 kilogrammes d'argent et 90 à 100 d'or.

24 juillet. — De Falun à Rättvik, 50 kilomètres en deux heures et demie! Le train marche à raison de 20 kilomètres à l'heure. Toujours la forêt; de distance en distance, de larges coupes, lugubres comme des cimetières avec leurs entassements de pierres informes d'une blancheur de squelette. Des lacs, puis des marais percés de petites nappes rondes, cerclés d'un hérissement jaune de joncs. Des plaques de lichen de renne blanchissent le sol comme une neige oubliée. La nature prend un aspect boréal ; on sent l'approche du Nord.

Brusquement une grande clarté passe : la nappe du Siljan se découvre étincelante de lumière et de

La maison de Gustave Vasa à Ornæs. Dessin de Taylor.

gaieté. Toute bleue, dans son cadre de verdure, elle justifie son surnom d'OEil de la Dalécarlie. Quelques minutes après, le train s'arrête à la station de Rättvik. A côté de la gare, l'hôtel du chemin de fer. Au milieu de parterres, dans le décor d'un parc égayé par le voisinage du lac, un joli chalet vernissé, pimpant et coquet. Autour, des groupes d'indigènes, tous en costume. Les hommes portent une longue lévite bordée de rouge, une culotte de peau blanche et des braies bleues ; les femmes, une jupe également bleue garnie d'un tablier rouge, se détachant sur une chemisette blanche avec des ornements criards. Les

unes sont coiffées d'une sorte de bonnet à poil noir
conique, les autres d'un tout petit bonnet rouge.
Chaque paroisse se distingue par une différence, soit
dans les couleurs, soit dans la forme de la coiffure.
Les enfants surtout sont très amusants, empêtrés

La Pierre de Gustave Vasa à Rättvik.
Dessin de Taylor, d'après une photographie de M. Charles Rabot.

dans de longues robes, et tous ont un air sérieux du
plus haut comique. En présence de ces groupes
bigarrés, à la démarche lente et calme, parlant un
dialecte absolument incompréhensible, on a tout
de suite une impression de pays très loin et très
archaïque. La scène vaut à elle seule le voyage; nous
sentons moins ensuite les tiraillements de notre
estomac dont les souffrances sont loin d'être ter-
minées.

La vue du chalet nous avait fort réjouis, et, dans
la pensée de nous y réconforter, nous avions pris le

parti d'y passer la nuit. C'était compter sans notre hôte ou plutôt sans ses hôtes. L'établissement est bondé de gens qui viennent en séjour durant le mois des chaleurs; pas le plus petit coin à offrir aux voyageurs de passage. Il ne nous reste d'autre ressource que de prendre le train du soir et d'aller coucher à Mora, à 40 kilomètres plus loin, à l'extrémité nord du Siljan. Un coup de téléphone, pour retenir à l'avance une chambre. Dans toute la Suède comme en Norvège, le réseau téléphonique a une extension considérable et fonctionne parfaitement, à la grande satisfaction du touriste. Pour passer la journée, nous allons nous promener à l'église,

Femme de Leksand.
D'après une photographie de M. Charles Rabot.

située à 2 kilomètres du village, sur le bord du lac. Élevée à une époque où il n'existait aucun chemin, elle a été érigée au centre même de la commune, à proximité du Siljan, la grande route naturelle du pays.

Autour du temple se presse un hameau de petites cases vides qui servent de magasins et de remises aux paroissiens lorsqu'ils viennent assister au service. A côté, sur une presqu'île, se dresse, au milieu de la nappe bleue du lac, la Pierre de Gustave Vasa, un menhir érigé par la piété des Dalécarliens à la mémoire du Grand Roi. L'église n'offre d'autre intérêt que celui du paysage environnant, et il est d'un charme pénétrant. Ici point de ces horizons grandioses, point de ces vues de montagnes sauvages qui remuent l'âme comme en Norvège, mais une nature très simple, emplie d'une

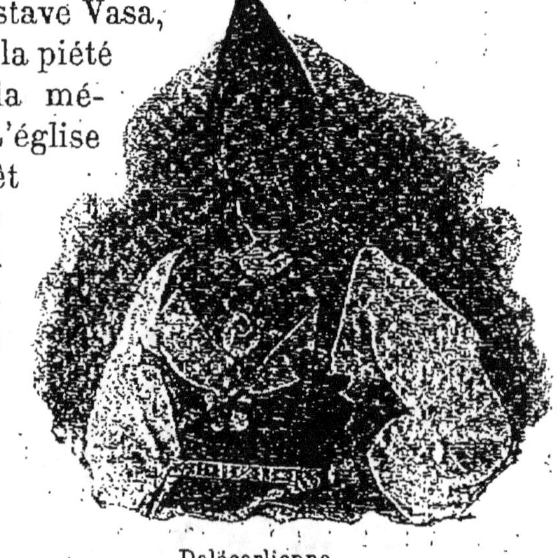

Dalécarlienne.
D'après une photographie de A. Lindahl.

vague tristesse qui peu à peu émeut et enveloppe. Jamais une sensation vive, jamais un mouvement violent d'admiration; tout est calme et reposant. Sur l'esprit la vue constante de cette terre impassible agit comme un puissant sédatif; tout votre être éprouve une détente et ressent un repos infini dans l'oubli des vicissitudes de la vie.

L'après-midi, promenade en voiture sur les hauteurs dominant le Siljan. De petits villages rouges blancs et jaunes bariolent les pentes des collines vertes, et partout des groupes d'indigènes mettent dans les champs des taches rouges et bleues, pareils à une floraison de coquelicots et de bleuets. Comme cadre, toujours la nappe souriante du lac dans un cercle de lointains violets.

A six heures du soir, nous reprenons le train pour aller chercher un gîte à Mora.... L'heure grave, le recueillement de la fin du jour. Le soleil effleure l'horizon dans un nimbe d'or, au milieu d'un ciel d'opale; une lumière très douce enveloppant l'espace d'une fine pâleur bleue. L'air est absolument immobile; pas une risée sur le Siljan, pas un frémissement de feuille; l'infini repos descend sur la terre silencieuse. Et lorsque les derniers flamboiements du couchant se sont éteints derrière les montagnes, là-bas, très loin, c'est toujours cette lueur crépusculaire diaphane, ni jour ni nuit, d'une tristesse aiguë; une impression pénétrante qui vous donne une sensation de deuil.

De loin en loin, au milieu des pins centenaires, une clairière s'ouvre avec une petite gare solitaire. Des rangs de jupes rouges se pressent autour du train; évidemment ici la locomotive a encore l'attrait de la nouveauté. Tous restent imperturbablement calmes. Aucun cri, aucun rire, aucune exclamation même. Comment l'âme ne prendrait-elle pas une ineffaçable empreinte de tristesse dans un pareil milieu?

Le train ralentit sa marche.... La forêt s'écarte, le convoi débouche dans une large plaine très basse à l'extrémité nord du Siljan, pour s'arrêter à Mora Noret. De là à la maison de poste, au *gästgifvarfgärd*, où nous devons prendre gîte, situé à Mora même, la distance n'est pas moindre de 3 kilomètres par un chemin complètement défoncé. On traverse d'abord le Dalelf, l'émissaire du lac d'Orsa dans le Siljan, sur un pont flottant. En certains endroits le tablier est couvert d'eau, et la voiture se transforme pour ainsi dire en canot. Après cela, c'est un effroyable

Costumes de Leksand. Dessin de Gotorbe, d'après une photographie de M. Charles Rabot.

pataugis; les roues enfoncent jusqu'aux moyeux dans une bourbe molle et gluante, absolument comme sur une route sibérienne.

Cette plaine détrempée est un exemple très intéressant de l'oblitération d'un bassin lacustre par le travail des eaux courantes. Primitivement les lacs de Siljan et d'Orsa ne formaient qu'une seule et même nappe, plus grande d'un tiers au moins que l'étendue des deux bassins actuels. Peu à peu, le Dalelf a colmaté la partie occidentale de la baie supérieure, en y construisant un large delta qui aujourd'hui isole presque complètement les deux nappes. Au milieu de ces terres alluvionnaires le Dalelf a changé de lit à plusieurs reprises. Avant 1659, il se jetait dans le lac d'Orsa. Le 8 mai de cette année-là, grossi probablement par la crue printanière, il s'ouvrit un passage plus au sud et, renversant dans sa course furieuse un village, vint se déverser à une faible distance en aval de l'émissaire de la nappe supérieure. Le lac d'Orsa est un exemple parfait de lac « relégué ».

De loin, Mora a l'air d'une ville. On aperçoit une église pittoresque, hérissée d'un haut clocher et d'un campanile très drôle. Sur les bords du lac, une seconde gare, quelques vastes maisons, des scieries, de grands chantiers de bois. Par derrière, une rue avec des magasins, et toujours des groupes de paysans en costume. Tous les hommes portent la culotte et la longue lévite, de plus, ici, un tablier de forgeron, symbole, sans aucun doute, de l'ancienneté de l'industrie du fer dans cette région. Même les petits bourgeois et les gens aisés du pays ont eu le bon esprit de rester fidèles à l'ancien vêtement.

Mora n'est intéressant que par ses souvenirs historiques. Sur la place du Marché, on montre le petit monticule d'où, le 25 décembre 1520, Gustave Vasa harangua les Dalécarliens pour les entraîner à la délivrance de la patrie, et, à une demi-heure plus loin, se trouve la fameuse cave d'Utmeland. Poursuivi par les Danois, Gustave Vasa allait être atteint

Hôtel du chemin de fer à Rättvik.
D'après une photographie de M. Charles Rabot.

et capturé par ses ennemis, lorsqu'il fut là encore sauvé par le dévouement d'une simple paysanne. Cette brave femme, dont l'histoire a conservé le nom, Tom Mat Larsson, introduisit le fugitif dans le caveau de sa cuisine et roula par-dessus la trappe une grande cuve. Lorsque les Danois entrèrent dans la maison, trouvant la paysanne occupée à brasser de la bière, ils ne poussèrent pas leurs investigations. Cette cave historique existe encore, et, pour assurer sa conservation en même temps que pour perpétuer

Une rue à Mora. Dessin de Boudier.

le souvenir du courage de cette brave Dalécarlienne, on a élevé au-dessus une petite construction carrée, un « monument national », inauguré en 1860, le trois-centième anniversaire de la mort du fondateur de la Suède.

Pour les Suédois, les bords du Siljan présentent le même intérêt que pour les Suisses les rives du lac des Quatre-Cantons. Toutes les localités racontent la vie du héros national et les événements qui ont amené l'indépendance de la patrie. Là-bas c'est Guillaume Tell, ici c'est Gustave Vasa; la seule diffé-rence entre les deux personnages, c'est que le pre-mier n'existe, paraît-il, que dans la légende, tandis que le second a bel et bien vécu. Dans les forêts de la Dalécarlie a commencé cette épopée glorieuse qui ne devait se terminer que trois siècles plus tard dans les plaines de Pultava, après avoir fait la grandeur de la Suède.

A la fin du xvᵉ siècle, la Suède, soumise au Danemark depuis le traité de Kalmar, supportait impatiemment son joug. Une première fois, en 1424, les Dalécarliens, à la voix d'Engelbrecht Engelbrechtson, avaient chassé les Danois; mais après un siècle de luttes sauvages, favorisés par les dissensions et par les rivalités de la noblesse et du clergé, les étrangers parvenaient à rétablir leur domination en Suède. Leur victoire devait être éphémère. A la nouvelle des succès de l'ennemi héréditaire, Gustave Vasa, le fils d'un noble Dalécarlien, resté un des plus fidèles champions de la cause nationale, s'échappe de la prison où il était détenu dans le Jutland, passe à Lübeck, où il réussit à obtenir quelque secours, et de là gagne Kalmar, une des dernières villes suédoises qui tiennent encore contre les envahisseurs. Tous ses efforts demeurent inutiles; l'une après l'autre, les dernières places tombent aux mains des Danois; le 7 septembre 1520, Stockholm ouvre ses portes à Christian de Danemark. Pour affermir son pouvoir, le vainqueur livre au bourreau les chefs du parti de l'indépendance, notamment le père de Gustave, le brave Eric Johanson. Christian avait tout d'abord songé à épargner ce vieillard, mais à ce vaillant la grâce accordée par un ennemi semblait un opprobre : « Mes frères sont de nobles guerriers; j'ai combattu à côté d'eux, ils ont été condamnés, je veux mourir comme eux », et Eric Johanson monta sur l'échafaud, tandis que sa femme et ses filles étaient envoyées en captivité en Danemark.

La sortie de l'église de Leksand. Dessin d'Oulevant, d'après une photographie de M. Charles Rabot.

Pendant ce temps, Gustave réussissait à gagner la Dalécarlie. « A tout instant, poursuivi par les soldats danois, exposé à la trahison de ceux auxquels il croit pouvoir confier sa destinée, sauvé de ces périls tantôt par l'héroïque dévouement d'une femme, tantôt par l'intelligence d'un valet, il erre de ferme en ferme, cherchant comme un coupable les retraites les plus mystérieuses et les sentiers les plus détournés[1]. » A Rättvik, lorsque des cavaliers parviennent enfin à le joindre, les habitants prennent aussitôt les armes, cernent la troupe ennemie et ne la laissent partir qu'après lui avoir imposé la promesse de ne pas attenter à la vie de leur prisonnier. A peine cette convention arrêtée, nobles et paysans se soulèvent, délivrent Gustave Vasa, le placent à leur tête et marchent sur Falun. L'insurrection nationale se propage partout. Pour arrêter ses progrès, Christian a à sa disposition un moyen féroce, il tient entre ses mains la mère et les sœurs de son ennemi. Si Gustave ne suspend sa marche sur Stockholm, il le frappera dans ses plus chères affections. Vasa n'hésite pas entre le sacrifice des siens et le salut de la patrie. Sa mère meurt en prison, mais la Suède est délivrée à tout jamais. Semée d'incidents aussi émouvants, je m'étonne que la vie du héros suédois n'ait pas fourni matière à quelque gros drame de l'Ambigu ou tenté un librettiste d'opéra.

A Mora, au point de vue alimentaire, notre situation devient très grave. A Rättvik, en dominant la répulsion instinctive de notre estomac pour les sauces indigènes, nous avons pu avaler quelques

1. Xavier Marmier, *Histoire de la Scandinavie*.

bouchées; ici c'est la disette complète. Pour souper,
le menu se compose purement et simplement de
deux tranches de saumon cru, guère plus épaisses
qu'une feuille de papier. Dans ces conditions, il
devient absolument impossible d'attendre ici pen-

Orsa.
Dessin de Boudier, d'après une photographie de M. Charles Rabot.

dant un jour le départ du vapeur qui doit nous con-
duire dimanche matin à Leksand. Par téléphone
nous nous assurons d'un gîte pour la nuit à Rättvik,
et allons dîner à Orsa, le terminus de la voie ferrée
de Falun. Une course à la recherche d'un repas,
telle a été jusqu'ici notre excursion en Dalécarlie.

De Mora à Orsa, paysage indifférent; des bouts
de rivières, un lac entouré de terres basses; à
l'horizon, des lignes de montagnes noircies par
d'épaisses futaies de pins. Tous ces bois très judi-
cieusement aménagés donnent aux indigènes d'excel-

lents revenus. Il y a quelques années, grâce à cette sage exploitation des communaux, Orsa était la commune rurale la plus riche de l'Europe, rapporte l'excellent Guide publié par la Société des Touristes de Suède [1].

Ici enfin notre persévérance trouve sa récompense

Pont flottant à Mora.
Dessin de Boudier, d'après une photographie de M. Charles Rabot.

sous la forme d'un jambon ; je vous laisse à penser si nous y pratiquons une large brèche ! Depuis deux jours, depuis notre départ de Stockholm, nous sommes littéralement à jeun. En gens prudents, nous prenons également un acompte en vue du souper, et nous n'avons pas tort. A Rättvik, une nouvelle famine nous attend dans un décor de salle à

1. *Svenska Turistföreningens Resehandbok I. Kopparbergs, Gefleborgs, Jämtlands och Västernorrtands län utarbetad af,* F. Schenström, Stockholm.

manger; en revanche, nos hôtes sont si aimables et si empressés, que nous n'osons formuler la moindre plainte.

Dimanche 29 juillet. — Voici enfin le grand jour. Nous allons assister à la cérémonie qui est, de l'avis de tous ceux qui l'ont vue, un des spectacles les plus curieux de l'Europe septentrionale et qui nous fera oublier les petits désagréments du voyage. Par une radieuse matinée, nous nous embarquons sur le Siljan. Le paysage est joli et gracieux, sans cependant, à notre avis, justifier sa réputation. Les Suédois regardent évidemment ce lac à travers le prisme des souvenirs historiques.

Le lac devient une rivière; la surface moirée de l'eau jaunit du reflet d'une haute berge de sable couronnée de bois; entre les arbres apparaît un clocher bulbeux très drôle, plus loin des groupes pittoresques de maisonnettes. Voici Leksand! Le spectacle commence déjà. Sur les bords de la rivière, c'est un va-et-vient d'hommes et de femmes, en costumes éclatants. Une file rouge gravit la berge; un peu plus loin, un groupe forme comme un drapeau tricolore. Puis, voici deux « kyrkobâtar » chargés de paroissiens, deux « bateaux d'église », des barques très longues, très étroites, pointues à l'arrière comme à l'avant, mises en mouvement par seize rameurs ou rameuses, de véritables pirogues de sauvages, survivance des temps préhistoriques. Les siècles ont marché sans amener un changement dans les habitudes de ces primitifs, mais le temps est proche où la population abandonnera toutes ces vieilles coutumes. Les chemins s'ouvrent peu à peu à travers les forêts, et peu à peu les indigènes abandonnent l'usage de ces antiques canots. Déjà

Les *kyrkobåtar* en route pour l'église. Dessin de Gotorbe, d'après une photographie de M. Charles Rabot.

aujourd'hui les « kyrkobåtar » deviennent rares ;
encore quelques années, et ils ne seront plus qu'un
souvenir.

En lente procession, la foule multicolore s'ache-
mine vers l'église, située comme d'habitude à l'écart
du village, loin de tout bruit, dans le calme recueilli
des bois. Autour, toujours le même cimetière fleuri
et garni de bancs comme un square.... En appro-
chant du temple, les chuchotements des conversations se taisent,... les fidèles avancent silencieux et
graves. Évidemment un sentiment profond de religiosité anime cette foule, tout entière fidèle aux
vieilles croyances.

L'église, très vaste et absolument pleine, présente
un coup d'œil inoubliable. Inondée de soleil, la nef
n'est qu'un papillotement de têtes écarlates, puis,
lorsque les assistants se lèvent, les chemisettes jettent une grande blancheur crue. A chaque mouvement des fidèles, les couleurs changent comme les
aspects divers du kaléidoscope. On a l'impression de
quelque chose d'étrange, de nouveau, d'une scène
de pays extra-européen ou d'un passé très lointain.
Il nous semble que soudain le temps, au lieu de
poursuivre sa marche en avant, nous a ramenés en
arrière. Tout au fond, derrière le bariolage de ces
gens archaïques, l'officiant luthérien en robe noire,
le cou enveloppé d'une grosse fraise blanche, semble
un Bols ou un Rembrandt descendu de son cadre.

.... Les fidèles sortent du temple. Par une large
avenue d'arbres centenaires défile la foule bariolée
de toutes les couleurs de l'arc-en-ciel, de jaune, de
rouge, de blanc, de vert; toutes les teintes mêlées,
confondues, se choquent et se heurtent dans un
amalgame extraordinaire. Et, comme, pour dater cette

foule singulière, des gamins très sérieux, traînant de longues robes jaunes ou rouges avec des tabliers verts, rappellent le fameux tableau de Van Dyck du musée de Turin : les *Enfants de Charles Ier d'Angleterre*.

Nulle part en Europe, sauf dans quelques coins oubliés de la Cornouaille bretonne ou sur les rives du Volga, au milieu des primitifs Tchérémisses et Tchouvaches, le spectacle de la population n'est aussi pittoresque et ne donne une vision aussi nette des âges passés. A elle seule, cette scène inoubliable mérite d'être vue et récompense amplement de toutes les privations du voyage. Pour une fois, la réalité répond à l'attente et même la dépasse.

Le lendemain, nous nous embarquons sur le Dalelf. La rivière coule, large comme la Seine, entre des berges sablonneuses percées de trous dans lesquels nichent les hirondelles. Au-dessus c'est toujours la solennelle forêt, triste et morne, pareille à un voile de deuil étendu sur tout le pays. Le Dalelf s'élargit bientôt en un lac, et à Insjö, sur les bords de la nappe d'eau, nous rejoignons le chemin de fer. Quelques costumes tachent encore les prairies ; plus loin ils deviennent rares et incomplets pour disparaître bientôt.

Le soir même j'arrivai à Stockholm et le lendemain matin je me réveillai à Malmö sur les bords du Sund, après avoir traversé en une nuit les plaines de la Suède méridionale.

Pour toujours maintenant la vision légendaire de la Dalécarlie s'est évanouie. Nous sommes retombés dans la banalité navrante de la réalité, œuvre du progrès niveleur, ennemi de toutes les traditions naïves qui font la poésie de la vie.

APPENDICE

RENSEIGNEMENTS PRATIQUES

Époque du voyage. Du commencement de juin aux premiers jours de septembre. Sur la côte ouest de Norvège les pluies sont moins abondantes en juin qu'en juillet et qu'en août. Jusqu'à la fin de septembre on peut voyager très aisément en Scandinavie, mais à cette époque sur les hauts plateaux de Norvège la température peut s'abaisser au-dessous de 0°. En cette saison la brièveté des jours empêche d'accomplir de longues étapes.

Vêtements. Au cours d'un voyage d'été en Scandinavie, on est exposé à de très fortes et très rapides variations de température. A Bergen comme à Kristiania et dans les basses vallées, des premiers jours de juin au commencement d'août le thermomètre s'élève parfois à + 30° pour tomber ensuite brusquement à + 10° ou + 15°. De plus dans la traversée des cols entre les deux versants de la Norvège, en quelques heures, se produisent des variations de 15 à 20 degrés. Enfin, en mer, il ne fait jamais chaud. En Suède, pays à climat continental, les chaleurs sont plus fortes et plus longues et les sautes du thermomètre moins brusques qu'en Norvège. On doit donc emporter vêtements d'hiver et vêtements d'été, les premiers pour les voyages sur les fjords et la traversée des montagnes, les seconds pour la Suède. Se munir également d'un pardessus d'hiver et d'un imperméable très long protégeant les genoux pour les courses en *kariol* par temps de pluie. Les femmes emporteront des robes en drap (costume tailleur), une jaquette de fourrure ou d'astrakan (cette dernière préférable à cause de la pluie) et un imperméable.

Bagages. Le transport de gros bagages n'offre naturellement aucune difficulté sur les paquebots; dans l'intérieur des terres, il devient, au contraire, une source d'ennuis et de dépenses. Dans ces conditions, les personnes qui ne peuvent se passer de malles encombrantes devront, lorsqu'elles se prépareront à traverser la Norvège en voiture, envoyer par mer leurs colis du point de départ au point d'arrivée. Par exemple part-on de Bergen pour Kristiania par le Valders, le Hallingdal ou le Telemark? on expédiera par paquebot tous les gros bagages jusqu'à Kristiania. Pour les excursions en voiture, n'emporter que des valises et des sacs imperméables.

Langue. En Norvège, la connaissance du français n'est guère répandue parmi les gens avec lesquels le voyageur se trouve en relation; toutefois en ne quittant pas les grands paquebots de touristes (p. 294), on pourra *à la rigueur* se passer du secours d'une langue étrangère.

En Norvège, presque tout le monde parle plus ou moins l'anglais, souvent même le personnel des petits hôtels de la montagne. L'allemand rendra également de grands services.

En Suède, l'usage du français est beaucoup plus répandu qu'en Norvège et l'allemand plus utile que l'anglais.

Argent. L'unité monétaire est la couronne (*krone* en norvégien, *krona* en suédois), dont le cours moyen est de 1 fr. 40. Elle se divise en 100 *öre* (pron. *euré*). Les pièces d'or et d'argent circulent indistinctement dans les trois royaumes scandinaves, mais les billets de banque n'ont généralement cours que dans leurs pays d'émission.

L'or et les billets français sont reçus en paiement dans les gares principales et dans les bureaux des grandes compagnies de navigation, mais à un taux peu avantageux. En Norvège, les livres anglaises sont acceptées partout, même dans les petits hôtels de l'intérieur.

Le plus simple est de se munir de chèques payables à vúe ou d'une lettre de crédit sur les principales places :

Stockholm, Kristiania, Bergen, Throndhjem, et d'emporter pour les cas imprévus une certaine somme en billets de la Banque de France, en pièces de 20 francs et en livres anglaises.

Véhicules. La *kariol*, pour une seule personne, la *stolkjærre*, pour deux personnes, la *kaleschevogn* à deux chevaux, à quatre roues et à quatre places. Ce dernier véhicule est de beaucoup le plus agréable, surtout si l'on voyage avec une femme, mais il est plus dispendieux que la *kariol* et la *stolkjærre*. Pour deux personnes, la *stolkjærre* fournit le moyen de transport le meilleur marché.

Voyages circulaires et coupons d'hôtel. Actuellement la plupart des touristes parcourent la Norvège, munis de billets circulaires tracés par les voyageurs eux-mêmes et de coupons d'hôtel. Les billets comprennent les parcours en chemin de fer, paquebots et voitures. Billets et coupons d'hôtel sont délivrés par les Agences de Voyages. Une de ces Agences délivre pour les hôtels en dehors des grandes villes des coupons au prix de 6 couronnes 50 par jour (9 fr. 10), comprenant le logement et les trois repas.

Principaux guides. Bædeker, *Suède et Norvège.* Y. Nielsen, *Reischaandbog over Norge.* (Il existe une édition allemande). Bennett, *Handbook for travellers in Norway.* Kristiania (indispensable pour les amateurs de chasse et de pêche).

Principales routes d'accès en Scandinavie.

NORVÈGE. Voies maritimes : 1º De Newcastle à Bergen. Paquebots postaux norvégiens. Départ de Newcastle, à 6 h. du s. les mardis (trajet en 37 h.), jeudis et samedis (trajet en 42 h.), relâches à Stavanger et Haugesund.

Prix du passage, nourriture comprise, 104 fr. (Iʳᵉ) 78 fr. (IIᵉ). Billets d'aller et retour valables pendant la saison : 155 et 116 fr.

2º De Hull à Bergen. De fin mai à commencement de septembre. Ligne anglaise de Wilson. Départ de Hull, le mardi après midi. Relâche à Stavanger. Arrivée à Bergen le jeudi matin. Prix du passage : 113 fr. (nourriture comprise). Aller et retour : 175 fr.

3⁰ De Hull à Throndhjem. Relâche à Aalesund, Kristiansund et éventuellement à Molde. Départ de Hull jeudi après midi. Arrivée à Throndhjem dimanche soir. Prix du passage : 163 francs (nourriture comprise). Aller et retour : 244 fr.

4⁰ De Rotterdam à Bergen. Relâche à Stavanger. Ligne norvégienne. Durée de la traversée : 60 heures. Départ de Rotterdam le jeudi 8 h. du s. Prix du passage : 84 francs (nourriture comprise). Aller et retour : 139 francs.

5⁰ D'Anvers à Kristiania. Relâche à Kristiansand et à Arendal. Départ d'Anvers le jeudi après midi. Arrivée à Kristiania le lundi matin. Prix du passage : 62 fr. 50. Aller et retour : 190 francs. Nourriture : 7 francs par jour.

6⁰ De Hambourg à Kristiania. *a.* Lignes norvégiennes (*Bergenske-* et *Nordenfjeldske-Dampskibsselskab*). En toute saison le vendredi minuit et du 1ᵉʳ juin à fin août le mardi minuit. A Kristiansand changement de paquebot pour Kristiania. Durée du trajet de Hambourg à Kristiansand : 36 heures. De Kristiansand à Kristiania par le *skjergaard*, 13 à 20 heures. Prix du passage : de Hambourg à Kristiansand : 44 fr. 80, et de Kristiansand à Kristiania : 22 fr. 90. Nourriture à part : 7 fr. 70 par jour.

b. Ligne norvégienne *Söndenfjeldske Selskab.* Directement à Kristiania avec escale à Kristiansand et Arendal. Départ samedi soir. Arrivée à Kristiania mardi matin. Prix du passage : 42 fr. 50. Aller et retour : 70 francs. Nourriture à part.

7⁰ De Hambourg à Bergen. Le vendredi minuit. Arrivée lundi soir. Escales à Kristiansand et Stavanger. A partir de Stavanger (arrivée le lundi 8 h. mat.) route à travers l'archipel côtier. Prix du passage : 61 fr. 60. Aller et retour : 92 fr. 40. Nourriture : 7 fr. 70 par jour.

8⁰ De Hambourg à Throndhjem, avec relâche à Bergen. Départ le mardi minuit. — Voir Croisières dans les fjords.

Voie terrestre. Chemin de fer de Paris à Kristiania par Hambourg, Copenhague, Elseneur, Gothembourg. Prix *via* Körsör-Kiel : 1ʳᵉ classe, 214 fr. 30; 2⁰ cl., 162 fr. 40; aller et retour (val. 21 j.), 307 francs et 233 fr. 90. *Via* Vamdrup (Jutland) : 231 fr. 30 et 170 fr. 30. — Aller et retour : 230 fr. 10 et 244 fr. 20 (val. 23 j.). Les voyageurs redoutant la mer choisiront la route du Jutland par Vamdrup (longue et ennuyeuse). **La traversée des Belt a lieu en**

ferry-boat. Le passage du Sund entre Elseneur et Helsing-
borg dure un quart d'heure.

SUÈDE. Voie maritime. De Lubeck à Stockholm.

Voie terrestre. Chemin de fer de Paris à Stockholm *via*
Hambourg, Kiel-Körsör, Malmö : 1re, 217 fr. 80 ; 2e, 161 fr. 80.
Aller et retour : 1re, 295 fr. 70 et 227 fr. 30 (val. 21 j.). —
De Paris à Stockholm *via* Hambourg, Vamdrup, Malmö :
1re, 234 fr. 70 ; 2e, 169 fr. 60. Aller et retour : 1re, 318 fr. 90 ;
2e, 237 fr. 60 (validité 23 j.).

Les différents voyages que l'on peut entreprendre dans
la Scandinavie méridionale peuvent se ramener à sept
combinaisons principales : 1º Voyage dans la Suède et la
Norvège méridionales avec ou sans excursion au cap
Nord ; 2º Voyage en prenant Kristiania comme point de
départ ; 3º Voyage en prenant Bergen comme point de
départ ; 4º Voyage circulaire organisé par les compagnies
de navigation sur la côte ouest de Norvège ; 5º Courses et
ascensions en montagnes ; 6º Croisière en yacht le long de
la côte de Norvège ; 7º Chasse et pêche.

N. B. Avant le départ de France, pour ne pas être
exposé à attendre plusieurs jours le passage d'un vapeur
sur les bords d'un fjord, le voyageur doit combiner tout
son itinéraire à l'aide de l'Indicateur norvégien. Édition
anglaise *Official time-table for Norway*. Prix : 50 *öre* ; édition allemande *Das officielle Kursbuch für Norwegen*. Prix :
50 *öre*. S'adresser à la librairie Cammermeyer (Cammermeyer's Boghandel), Kristiania.

Les fjords présentent des paysages d'une étrangeté
impressionnante, mais, quand on a visité trois ou quatre
de ces goulets les plus célèbres, le spectacle de ces gorges
maritimes devient très monotone. Aussi ne saurais-je trop
engager les touristes à visiter l'intérieur du pays, beaucoup
plus intéressant et beaucoup plus varié que la côte.

I. *Voyage avec ou sans excursion au cap Nord.* — Paris à
Stockholm. De Stockholm à Throndhjem par chemin de
fer *via* Östersund.

En route excursion en Dalécarlie en partant de Krylbo,

station à 4 heures de Stockholm. Combiner l'itinéraire de manière à assister le dimanche au service à Leksand. Deux itinéraires en Dalécarlie : 1° De Krylbo à Leksand par Borlange, coucher à Leksand. Dimanche midi après le service, départ en vapeur pour Mora par le lac Siljan. Lundi matin, départ de Mora (chemin de fer) et rejoindre à Storvik l'express parti le matin de Stockholm. 2° De Krylbo à Falun avec arrêt à Ornæs, puis à Mora avec arrêt à Rättvik (chemin de fer) et de Mora à Leksand.

De Throndhjem, au retour de l'excursion au cap Nord, continuer au sud jusqu'à Molde.

De Molde à Næs par le Romdalsfjord et de Næs à Horgjem dans le Romsdal (12 kilom.) (p. 104). De Næs à Aalesund par les fjords. De ce port visiter le Hjörund-fjord et le Geirangorfjord (p. 121). De Meraak dans le Geirangerfjord à Faleide dans le Nordfjord par Grotli et le Stryn-vand (en voiture). Magnifique excursion. De Faleide visiter le Löenvand (p. 128) et gagner ensuite par mer Bergen (p. 131). De Bergen à Vossvangen (chemin de fer) (p. 158). De Vossvangen excursion dans le Hardangerfjord et retour à Vossvangen (p. 159). De là par le Næröfjord et le Valders à Kristiania (p. 177).

Durée *minima* du voyage de Stockholm à Kristiania par cet itinéraire : 20 jours.

II. *Voyage dans la Scandinavie méridionale en prenant Kristiania comme point de départ.*

De Kristiania à Throndhjem par chemin de fer (p. 79) et ensuite même itinéraire qu'au chapitre précédent. Puis, de Kristiania à Stockholm par chemin de fer *via* Charlottenbourg. De Stockholm excursion en Dalécarlie. Billets circulaires à itinéraires dressés par les voyageurs. Les demander un jour à l'avance à la gare de Stockholm. Retour par chemin de fer à Malmö et à Copenhague.

Durée du voyage de Kristiania à Stockholm, y compris la visite des fjords et la traversée de la Norvège : 20 jours.

Un voyageur pourra abréger le voyage en prenant, au lieu de la ligne Kristiania-Throndhjem, la nouvelle route très grandiose de Kristiania au Geirangerfjord. De Kristiania à Sel dans le Gudbrandsdal (chemin de fer) et de Sel à Meraak dans le Geiranger (voiture).

De Kristiania les voyageurs peuvent visiter en cinq jours la partie orientale du Telemark : Rjukanfoss et Tinsjö (voir p. 45).

III. *Voyage en prenant Bergen comme point de départ et de retour.*

De Bergen à Odde dans le Hardangerfjord par vapeur. D'Odde excursion au Laatefoss ou au Buarbræ (p. 163). D'Odde à Eide (vapeur) (p. 160). D'Eide à Vossvangen (voiture) (p. 159). De Vossvangen à Lærdalsoren par Stalheim et le Sognefjord (p. 171). De Lærdalsoren à Kristiania par le Valders (p. 178).

Le retour à Bergen se fera par la route de Kristiania à Meraak sur le Geirangerfjord par Sel (chemin de fer) et Skiaaker et Grotli (voiture). De Meraak à Hellesylt (vapeur) (p. 122) et d'Hellesylt à Faleide (voiture) (p. 123). Si on en a le temps, excursion d'Hellesylt à Öie dans le Hjörundfjord. De Faleide excursion au Loenvand et retour à Bergen.

Durée *minima* du voyage : 17 jours.

Ces itinéraires ne sont donnés qu'à titre d'indications, ils peuvent être variés à l'infini, en suivant l'une ou l'autre des routes carrossables qui traversent la Norvège. Ces routes sont au nombre de sept :

1° De Kristiania à Throndhjem par chemin de fer (p. 59); monotone.

2° De Kristiania à Næs dans le Romsdal par le Gudbrandsdal. Chemin de fer jusqu'à Sel. De là route de voiture. Monotone, sauf dans les 40 derniers kilomètres.

3° De Kristiania à Meraak dans le Geirangerfjord. De Kristiania à Sel, chemin de fer. De Sel à Meraak (voiture).

4° De Kristiania à Faleide sur le Nordjord. De Kristiania à Grotli même itinéraire que la précédente. De Grotli à Faleide (voiture).

Ces deux routes offrent une suite de paysages des plus grandioses.

5° De Kristiania à Bergen par le Valders (p. 177). Itinéraire très recommandé.

6° De Kristiania à Bergen par le Hallingdal, monotone.

7° De Kristiania à Bergen par le Telemark. Paysages très variés.

N. B. Les personnes qui redoutent la mer peuvent suivre

la route terrestre entre Throndhjem et Bergen. Elles éviteront ainsi la navigation souvent assez agitée le long de la côte, surtout au nord de Bergen, et n'auront à traverser que quelques fjords toujours calmes.

Un premier tronçon partant de Stören, station de chemin de fer de Throndhjem à Kristiania, passe par Domaas, au sud du Dovrefjeld, et aboutit à Næs, dans le Romsdal.

Variante. D'Orkedalsören (fjord de Throndhjem) à Molde par le Nordmöre.

La deuxième section, partant de Domaas, descend à Laargaard dans le Gudbransdal, remonte la vallée de l'Otta et aboutit à Meraak dans le Geirangerfjord ou à Faleide dans le Nordfjord.

Variante. De Næs à Vestnæs par le Moldefjord. De Vestnæs à Söholt (route). De Söholt à Hellesylt (fjord) et d'Hellesylt à Faleide (route). La troisième section a pour point de départ Faleide sur le Nordfjord. Traversée de ce fjord jusqu'à Utviken. D'Utviken à Vadheim sur le Sognefjord par Förde (route). 4° section. Traversée du Sognefjord de Vadheim à Gudvangen. De Gudvangen à Bergen. Route et chemin de fer.

IV. *Voyages circulaires organisés par les compagnies de navigation sur la côte occidentale de Norvège.*

Les compagnies de navigation norvégiennes syndiquées, la *Bergenske Dampskibsselskab* (Bergen) et la *Nordenfjeldske Dampskisselskab* (Throndhjem) organisent chaque été des voyages circulaires de fin mai à fin août, partant soit de Newcastle, soit de Hambourg.

Itinéraire : Hardangerfjord, Bergen, Sognefjord, Iljörundfjord, Geirangerfjord, Romdalsfjord, Throndhjem, avec escales à Odde, Bergen, Gudvangen, Öie, Meraak, Aalesund, Næs, Molde et Throndhjem pour permettre aux voyageurs d'entreprendre de ces divers points des excursions à terre. Ces voyages offrent le moyen de visiter rapidement et à peu de frais les fjords les plus célèbres. Durée du voyage de Newcastle à Newcastle 12 jours, de Hambourg à Hambourg 12 jours et demi. Prix du passage (nourriture comprise) sans excursions à terre, ligne de Newcastle : 362 à 308 fr. d'après la cabine ; ligne de Hambourg : 378 à 340 fr. d'après la cabine.

Retenir ses places à l'avance aux agences de voyages à Paris.

Plusieurs compagnies anglaises, telles que l'*Orient Company*, *The North of Scotland and Orkney and Shetland Steam Navigation Company*, *the Albion steamship Company*, etc., organisent également des voyages analogues (*Yachting Tours*).

Courses et ascensions en montagnes.

Les montagnes de la Norvège méridionale offrent aux alpinistes un magnifique champ d'excursion encore très peu fréquenté dans certaines régions et très intéressant à tous les points de vue. Une grande partie du pays n'ayant pas été l'objet de levers précis à grande échelle, les ascensionistes peuvent faire d'importantes observations géographiques, tout en se livrant aux plaisirs du sport.

Les massifs alpins les plus étendus sont ceux du Jotunheim, du Söndmöre, du Romsdal et du Nördmöre. Ces trois derniers renferment un grand nombre de cimes vierges. Quoique les sommets n'atteignent pas une très grande altitude, leur escalade présente souvent de très grosses difficultés, surtout celle des aiguilles rocheuses.

Les massifs glaciaires les plus importants sont : le Jostedal, le Folgefonn, le Hardangerjökel, l'Aalfotbræ (à l'ouest du Hyenfjord (Nordfjord). Le Folgefonn et le Jostedal à l'ouest de Lodalskaabe sont très bien connus, les autres beaucoup moins. Je signale surtout à l'attention des explorateurs les massifs glacés secondaires situés à l'est de Sörfjord (Hardanger).

Les alpinistes qui se proposeraient d'entreprendre une campagne dans les montagnes de Norvège devront emporter un matériel très complet : piolets, cordes, chaussures, etc. A Kristiania comme à Bergen, il est très difficile, sinon même impossible de se procurer les articles importants de l'équipement.

Se munir d'une certaine quantité de clous pour les souliers. On n'en trouve pas en Norvège. Sur les polis glaciaires très fréquents en Scandinavie les chaussures ferrées glissent; pour la traversée de ces passages, se servir de mocassins lapons (*komager*), que l'on trouve à Bergen.

Une tente peut rendre de grands services, surtout pour l'exploration scientifique des massifs glaciaires, et un approvisionnement de conserves et de biscuit est absolument nécessaire.

Guides. Il n'existe qu'un très petit nombre de guides en Norvège. En dehors de la région du Jotunheim, du Jostedal et de Folgefonn, on ne trouve guère pour vous accompagner que des chasseurs de rennes.

Liste des guides patentés de la Société des touristes de Norvège (1897).

JOTUNHEIM

Knud Olsen Vole et Ole K. Vole, à Gjuvvashytten, le dernier pour le Galdhöppig.

Ole I. Steinom à Gjendeboden.

Knud Storstensrusten à Gjendesheim.

Anders K. Jörstad à Tvindehaugen.

Anfind I. Vetti et Thomas A. Vetti à Vetti (Aardal) pour la partie ouest du massif.

Ole Jensen Berge à Turtegrö (Skjolden) pour les Horungtinder et la partie ouest du Jotunheim.

Ole N. Öiene à Fortun (Skjolden) par les Horungtinder.

Johannes Hansen Vigdal à Solvorn (Lyster), bon également pour le Jostedal et la région du Sogne. Parle bien l'anglais.

JOSTEDAL

Lars Larsen Lien à Faaberg (Jostedal).

Thor Antonsen Greidung à Opstryn (Nordfjord).

ROMSDAL

Mathias Soggemoen et Erik Nordhagen à Gryten (Romsdal).

FOLGEFONN

Gotskalk A. Gjerde et Samson Olsen Sundal à Mauranger (Hardanger).

HARDANGERVIDDE

Halsten H. Möglethun à Sæbö (Eidfjord).
Sylvfest H. Kvammen à Sandhaug sur le Normandslaag.
Ole Larsen Aker à Krækjahytt.
Kristoffer Olsen Mogen à Mogen.
Thore Gundersen Videsjorden à Opdal (Numedal).

RONDANE

Ole Pedersen Moen à Söndre Möen par Brænden près d'Atnesjö.

GUDBRANSDAL SUPÉRIEUR

Edv. O. Molmen à Molmen (Lesjeskogen), pour les montagnes comprises entre le Gudbransdal et la vallée de l'Otta.
Svend P. Kvitingen à Kvitingen (Skiaaker), pour les massifs compris entre le Gudbransdal et le Sognefjord.

MASSIF DE L'HORNINDAL

(Au N. du Nordfjord.)

Hans A. Raftevold, à Indre Haugen.

En dehors de cette liste, il existe d'autres guides non moins capables que ceux désignés ci-dessus. Le *Reisehaandbog over Norge* d'Yngvar Nielsen donne généralement leurs noms dans la description des courses.

Pour des renseignements complets à ce sujet s'adresser au secrétaire de la Société des touristes de Norvège à Kristiania (*Den norske Turistforening*).

Les touristes qui se proposent d'exécuter une simple traversée du Jostedal par les routes les plus faciles trouveront des guides dans les hameaux voisins des points de départ de ces excursions. Un très petit nombre d'indigènes connaissent ces passages ; aussi est-il prudent de retenir ses guides quelques jours à l'avance par télégraphe ou par téléphone à l'hôtel le plus voisin de leur domicile.

En vue d'une campagne importante, il est utile de retenir le personnel choisi plusieurs semaines à l'avance, dès le commencement de juin par exemple. La plupart des guides pour la haute montagne ne savent aucune langue étrangère.

Cartes pour les ascensions. L'état-major norvégien a commencé la publication d'une carte au $\frac{1}{100000}$ de la Norvège méridionale. Pour le Jotunheim deux feuilles et pour le Jostedal une seule ont été publiées jusqu'ici. La plupart des feuilles dans le commerce sont relatives aux régions de Throndhjem, de Kristiania et du Gudbransdal.

Il existe pour chaque préfecture (*amt*) une carte au $\frac{1}{200000}$.

Croisière en yacht.

Les renseignements que j'ai donnés pour une croisière le long de la côte septentrionale de Norvège (*Au Cap Nord. Itinéraires en Norvège, Suède et Finlande*. Hachette) s'appliquent également à une navigation dans les fjords de la Norvège méridionale. Aussi répétons-nous ici les conseils donnés dans ce volume à ce sujet.

« Une croisière sur la côte de Norvège présente un très
« grand intérêt, mais elle n'est agréable qu'avec un *steam*
« *yacht*. La fréquence des calmes dans les fjords et la vio
« lence des courants de marée dans les passes retardent sin
« gulièrement un voilier et peuvent même l'exposer à des
« difficultés [1].

« La navigation n'offre aucun danger à condition d'ob
« server les règles de la plus sage prudence. Les pilotes

1. Pour les remorqueurs, s'adresser aux agents de l'Union des yachts français:

« repérant leurs positions sur les montagnes de la côte, le
« capitaine devra stopper et mouiller, s'il le peut, dès que
« les sommets seront couverts par la brume. La route
« donnée par le pilote devra être surveillée de près, les
« *Instructions nautiques* en main. Les accidents survenus
« récemment à des paquebots de touristes étrangers ont
« tous été amenés par l'imprudence des capitaines, qui,
« ignorant complètement ces parages, ont continué à mar-
« cher par la brume, se fiant absolument à leurs pilotes. »

L'hydrographie d'un grand nombre de fjords n'a pas été
exécutée. Mais presque dans toutes ces baies les eaux sont
saines. Au cas où le pilote engagé ne les connaît pas,
s'assurer le concours d'un pratique local. A aucun prix
ne s'engager dans les fjords sans pilote.

Les frais de pilotage, calculés d'après le tonnage du navire
et la distance à parcourir, ne sont pas très élevés.

Généralement on prend un pilote pour la croisière, soit à
Bergen, soit à Stavanger, à raison de tant par jour. Ne
l'engager que sur avis favorable d'un agent consulaire de
France ou d'un agent de l'Union des yachts français.

AGENTS DE L'UNION DES YACHTS FRANÇAIS.

Aalesund, M. Rönneberg.
Bergen, M. Bennett.
Kristiania, M. Peter Harbo Grönn.
Kristiansand, M. Reinhardt.
Kristiansund, M. R. A. Dall.
Molde, M. P. F. Dall.
Stavanger, M. Sigral Bergesen.
Throndhjem, M. Thams.

Les fjords les plus pittoresques de la côte ouest de Norvège sont, en allant du sud au nord : 1° le Lysefjord (à
l'ouest de Stavanger); 2° le Sörfjord, dans le Hardangerfjord
(p. 160); 3° le Næröfjord et le Fjærlandsfjord, dans le
Sognefjord (p. 173); 4° le Nordfjord, et sa branche méridionale, le Hyenfjord, le Hjörundfjord (p. 124); le Geirangerfjord (p. 122); le Romsdalsfjord (p. 93); et le fjord de
Throndhjem (p. 87).

De ces différents points, d'intéressantes excursions à terre peuvent être entreprises.

Hardanger, dans le Sörfjord, promenade au Buarbræ (p. 163) ou au Laatefoss. Excursion d'une journée au Skjeggedalsfoss, une des plus célèbres cascades de la Norvège. Guide nécessaire, sentier assez pénible. Une partie du trajet se fait en barque.

De Vik à l'extrémité orientale du Hardanger, excursion d'une journée au Vöringfoss, la plus belle cascade de la Norvège, dit-on. Guide nécessaire.

Sognefjord. De Lærdalsören à l'église de Borgund (*Stave-kirke*), excursion en voiture d'un jour. Route magnifique.

De Bergen à Gudvangen. Gagner, par le chemin de fer de Vossvangen et la route de Stalheim, Gudvangen, où l'on retrouvera le *yacht* venu par mer. Si l'on arrive du nord et que l'on n'ait pas encore visité Bergen, débarquer à Gudvangen et arriver à Bergen en suivant l'itinéraire précédent, en sens inverse.

Nordfjord. Excursion au Loenvand. De Faleide à Öie dans le Hjörundfjord (route carrossable). On évitera ainsi le trajet peu intéressant de l'embouchure du Nordfjord au Hjörundfjord et la traversée du cap Stadt. Devant ce promontoire la mer est presque toujours houleuse (p. 123). D'Öie à Hellesylt sur le Geirangerfjord (route carrossable).

Geirangerfjord. De Meraak excursion en voiture sur la route conduisant au Gudbransdal.

Romsdalsfjord. De Næs, excursion en voiture au moins jusqu'à Horgjem (p. 103).

Le trajet par mer depuis le Romdalsfjord jusqu'à Throndjheim n'étant pas intéressant, on peut gagner cette ville par la route du Romsdal et du Dovre aboutissant à Stören (station du chemin de fer de Kristiania à Throndhjem). Durée de l'excursion : 4 jours.

Combiner l'itinéraire de manière à ne pas arriver dans un mouillage en même temps qu'un paquebot de touristes, presque toutes les voitures se trouvant alors accaparées. L'agent de l'Union des yachts français à Bergen, M. Bennett, fournira à ce sujet tous les renseignements utiles.

N. B. Pour éviter tout ennui, s'abstenir de tirer des eiders, à moins d'être absolument certain que la chasse à ce palmipède est permise dans la région où l'on se trouve. Au nord de Throndhjem, cette chasse est partout prohibée.

Pêche et chasse.

PÊCHE.

La Norvège méridionale renferme un très grand nombre de rivières à saumon. Les plus riches sont généralement louées par des Anglais. Pour la location de ces rivières, s'adresser à l'agence Bennett à Bergen, ou à un homme d'affaires norvégien.

La pêche est fermée du 26 août au 30 avril chaque année et chaque semaine du vendredi soir (6 h.) au lundi matin (6 h.).

Truites. Partout très abondantes. Un certain nombre d'hôtels et de stations de poste ont acquis le droit de pêche dans les rivières, pour le plus grand agrément de leurs hôtes. Tout en voyageant, un amateur peut donc se livrer à son sport favori dans de bonnes conditions. On trouve l'énumération de ces stations dans le guide Bennett (*Bennets Handbook for travellers in Norway*. Bennett, Kristiania), absolument indispensable pour les *sportsmen*.

En Suède, les rivières à saumon sont beaucoup moins recherchées qu'en Norvège par les Anglais. Pour renseignements à ce sujet, s'adresser à la Société des touristes de Suède, à Stockholm (*Svenska Turistförening*).

CHASSE.

L'entrée des deux royaumes de Suède et de Norvège est formellement interdite à tout chien étranger. L'entrée en Norvège d'un chien venant de Suède n'est permise qu'après une longue quarantaine. En Norvège, les étrangers doivent être munis d'un permis (prix : 280 fr.) pour la chasse dans les forêts appartenant à l'État et aux communes, ainsi que sur les montagnes.

Ours. Une quarantaine sont tués annuellement dans la

Norvège méridionale. Ce plantigrade est plus abondant dans la haute Dalécarlie et dans le Jemtland supérieur. L'ours se rencontre en été dans les vallées montagneuses, écartées et boisées.

Élans. Voir pour cette chasse en Norvège p. 67. Pour la location d'une chasse, s'adresser à Bennett. Saison en Norvège du 1er août au 31 octobre. En Suède, la Dalécarlie et le Jemtland sont un excellent terrain de chasse.

Renne. Le renne ne se rencontre à l'état sauvage dans la Scandinavie méridionale qu'en Norvège. Saison du 16 août au 16 septembre. Il est particulièrement abondant dans le Gudbrandsdal supérieur (p. 69).

Tétras. Le grand tétras (*Tetrao urogallus*) et le tétras à queue fourchue se rencontrent dans toutes les forêts de la Scandinavie méridionale. Ils sont particulièrement abondants dans le Jemtland supérieur (Suède). Saison en Norvège : 15 août-14 mai. Le tétras des saules (*Lagopus subalpinus*) et le lagopède alpin (*Lagopus alpinus*) se trouvent partout.

La chasse à l'eider est sévèrement interdite dans la plupart des provinces.

TABLE DES MATIÈRES

CHAPITRE I

LA CÔTE DE NORVÈGE

Kristiansand. — Kristiania. — Littérature et politique...　　1

CHAPITRE II

UNE EXCURSION DANS LE TELEMARK

La Rjukanfoss et le Gausta. — Coup d'œil général sur la
Norvège..　　45

CHAPITRE III

LA FORÊT NORVÉGIENNE

De Kristiania à Throndhjem. — Le Mjösen. — La forêt de
l'Österdal. — Le plateau de Röros. — Throndhjem. —
Une réception norvégienne...........................　　59

CHAPITRE IV

LA TOURNÉE DES FJORDS

Le fjord de Throndhjem. — Kristiansund. — Molde. — Les
Alpes du Romsdal. — Le Romsdalsfjord. — L'émigration norvégienne. — Le Romsdal......................　　85

CHAPITRE V

MONTAGNES ET FJORDS

Les terrasses des fjords et des vallées. — Les périodes
glaciaires et le soulèvement de la Norvège. — Du Romsdal
au Söndmöre par la montagne. — L'abîme de Geirangerfjord. — D'Hellesylt au Nordfjord.................　109

CHAPITRE VI

FJORDS ET GLACIERS. — BERGEN...................... 125

CHAPITRE VII

LES PÊCHES MARITIMES DE LA NORVÈGE MÉRIDIO-
NALE.. 137

CHAPITRE VIII

LE HARDANGER ET LE SOGNE

Le chemin de fer de Vossvangen. — Eide. — Odde. — Le
Hardanger et le Folgefonn............................ 157

CHAPITRE IX

LE VALDERS

La route de Valders. — L'empereur Guillaume II. — L'église
de Borgund. — Le col de Filefjeld. — La descente..... 177

CHAPITRE X

EN SUÈDE

Division gastronomique de la péninsule scandinave. — Première impression de Suède. — Les traditions historiques de la Suède. — Arrivée à Stockholm. — La Venise
du Nord.. 203

CHAPITRE XI

STOCKHOLM

Coup d'œil topographique. — La « ville ». — Le Palais
Royal. — Les gloires suédoises. — Le *Riddarholm* et le
Riddarholmskyrka. — Les squares et les statues. — Les
musées et les châteaux............................. 215

CHAPITRE XII

LA DALÉCARLIE

Upsal. — Falun. — Le Siljan. — Rättvik et Mora. — Le
pays de la faim. — Un dimanche à Leksand........... 243
APPENDICE... 283

Coulommiers. — Imp. PAUL BRODARD. — 597-98.